Amare ancora

Massimo Camisasca

AMARE ANCORA

Genitori e figli
nel mondo di oggi e di domani

EDIZIONI
MESSAGGERO
PADOVA

I edizione ottobre 2011
I ristampa gennaio 2012

ISBN 978-88-250-2917-8
ISBN 978-88-250-3060-0 (PDF)
ISBN 978-88-250-3061-7 (E-PUB)

MESSAGGERO DI SANT'ANTONIO – EDITRICE
Basilica del Santo - Via Orto Botanico, 11 - 35123 Padova
www.edizionimessaggero.it

A mio fratello Franco
e alla sua famiglia

Basterebbe soltanto ritornare bambini, e ricordare...
E ricordare che tutto è dato
che tutto è nuovo, e liberato, e liberato.

Claudio Chieffo (*Amare ancora*, 1973)

Prefazione

Colui che dà alla nostra natura la costitutiva urgenza di una reciprocità di stima e di gratuità, proprio lui ha creato la prima figura sperimentale, che rimarrà per tutta la storia, un luogo dove questa urgenza di carità diventa stabile ed essenziale: la famiglia.

L. Giussani

Quando si sfugge all'ubbidienza dovuta al padre, alla madre e alle persone più anziane si è vicinissimi alla fine della libertà e della democrazia. Ma si è proprio alla fine quando non ci si cura più degli dèi, ma si fa mostra dell'antica natura titanica e la si vuole imitare.

Platone

Questo libro nasce da una convinzione che è andata maturando in me in questi ultimi anni: la famiglia è veramente una delle frontiere decisive della vita dell'uomo, una frontiera difficile oltre che necessaria.

In essa si incontrano le questioni fondamentali dell'esistenza: l'amore, l'autorità, la fecondità, la tradizione, cioè il passaggio dal passato al futuro, che costituisce il nucleo fondamentale della vicenda storica. Alla famiglia sono quindi consegnate le responsabilità più gravi ed è comprensibile che talvolta essa ne esca segnata.

La crisi delle famiglie è davanti ai nostri occhi. Durante gli ultimi decenni sono stati scritti (giustamente) centinaia e forse migliaia di libri su questo tema. Non voglio perciò ripercorrerlo. Non voglio guardare alla famiglia come a un istituto del passato da difendere; piuttosto come a un'opportunità del futuro da riscoprire.

Non desidero soffermarmi sulle sedimentazioni studiate dall'antropologia culturale, ma approfondire le opportunità di vita buona date all'uomo. Intendo riscoprire i doni che arricchiscono la realtà familiare e che offrono all'uomo le strade per camminare dignitosamente e serenamente verso il compimento della sua esistenza.

L'unico metro di misura veramente interessante e umano è quello del bene e della felicità. Che cosa può rendere dignitosa e vera la nostra vita? La risposta a questa domanda rivela le strutture più profonde del nostro essere personale e della nostra vita sociale.

Con questo mio libro desidero raccontare alle famiglie ciò che ho imparato, trascrivere per loro il mio insegnamento ai giovani.

L'asse portante di queste pagine è la persona. A essa è dedicata tutta la prima parte. La seconda è dedicata ai figli. La terza guarda alla famiglia in rapporto alle altre famiglie, alla realtà del lavoro, alla costruzione della società.

M. C.

8 dicembre 2010

I

OUVERTURE

Radicati dentro il nostro essere, i nostri corpi, la nostra mente, il nostro spirito, i rapporti familiari sono la strada bellissima e talvolta complicata verso la vita.

Innanzitutto i legami fra genitori e figli. Ma lo stesso si può dire dell'esistenza quotidiana tra marito e moglie. All'inizio di una convivenza matrimoniale stanno solitamente gli anni più duri. Ci si comincia a conoscere, nascono i figli, si è premuti dalle responsabilità del lavoro, si deve imparare a essere moglie e marito, a essere padre e madre.

Da soli sembra di non potercela fare. Soltanto più avanti negli anni arriveranno forse tempi più pacati. Ma la perdita del lavoro, improvvisi malanni o nuovi amori possono mettere in discussione tutto, in ogni momento. Sono rari gli idilli nella vita familiare. Tuttavia da sempre ci sono coppie che si amano, che hanno affrontato assieme, con l'aiuto di Dio, spesso rivelatosi attraverso gli amici, le prove e le avversità.

Nella vecchiaia mio padre e mia madre si amavano come fossero una cosa sola. Tutto era diventato, tra loro, pacata tenerezza.

Trovarono sempre la forza di restare assieme. L'amore reciproco si rivelava più forte di ogni difficoltà.

Presenze e assenze

Per taluni il padre e la madre sono un ricordo lontano o addirittura inesistente. La madre di mio padre morì dandolo alla luce. Mio nonno, che abitava a Roma, rimasto solo non poteva accudire il suo primogenito; fu costretto a mandarlo a Milano, da una sorella, quando aveva poche settimane di vita. La zia accompagnò la crescita di mio padre fino all'adolescenza.

Oltre alla morte, altre cause possono cancellare ogni possibile memoria. C'è chi è abbandonato dalla madre biologica e raccolto da un'altra famiglia; drammi della povertà, della solitudine, dell'incapacità a essere padri e madri. Ma il riferimento alla famiglia biologica è ineludibile, anche come semplice sogno di rivedere in Cielo chi non si è conosciuto sulla terra. Così fu per mio padre.

All'opposto, per qualcuno la presenza del padre e della madre è stata fin troppo massiccia. Un legame pieno di pretese che è rimasto nei figli come un incubo da cui non riescono a liberarsi. Nella sua *Lettera al padre*, Franz Kafka racconta di colui che ambiva a essere per il figlio la misura di tutte le cose[1]. Costituisce una sorta di manifesto di quel peso oppressivo e odioso, che molti continuano a sentirsi gravare sulle spalle, magari per un'esistenza intera.

---

[1] Cfr. F. Kafka, *Lettera al padre*, Feltrinelli, Milano 2004.

Pirandello, all'inizio del suo romanzo *Uno, nessuno e centomila*, dà voce con una sola, chiara, densissima immagine al profondo disagio provato da molti: «Non già, badiamo, ch'io opponessi volontà a prendere la via per cui mio padre m'incamminava. Tutte le prendevo. Ma camminarci, non ci camminavo»[2].

Quello che abbiamo rimproverato ai nostri genitori entra dentro di noi e la vicenda rischia di replicarsi con i nostri figli.

Eppure è possibile perdonare, cambiare, imparare a rispettare l'altro nel suo destino che non è nelle nostre mani.

I quattro figli (tre legittimi e uno no) di Karamazov sono, ciascuno per la sua parte, riflessi di un lato della personalità del padre e assieme il suo superamento. Infine si distaccheranno da lui, fino alla ribellione di alcuni e al parricidio. Ma c'è fra loro chi saprà perdonare[3].

Anche Manzoni, nei suoi *Promessi Sposi*, cerca il padre, lui che era un "illegittimo", e lo trova in padre Cristoforo e nel cardinal Federigo, due uomini che hanno imparato a perdonare. «Quante volte dovrò perdonare a don Rodrigo?», si chiede Renzo nel lazzeretto davanti a fra' Cristoforo. «In maniera da non poter mai più dire: io gli perdono», è stata la risposta del frate[4].

I fratelli

Sono un figlio unico, eppure ho un fratello. Sono un gemello. Ho potuto così sperimentare entrambe le situazioni. Vorrei racco-

---

[2] L. Pirandello, *Uno, nessuno e centomila*, Mondadori, Milano 2006, 5.
[3] Cfr. F. Dostoevskij, *I fratelli Karamazov*, Einaudi, Torino 2005.
[4] Cfr. A. Manzoni, *I Promessi Sposi*, XXXV.

mandare a ogni famiglia: se possibile, non fermatevi al primo figlio! I fratelli sono la prima scuola di vita. Saranno anche un aiuto ai genitori nella vecchiaia, dopo che questi li avranno sostenuti, come nonni, nell'educazione dei figli.

Dobbiamo lottare perché lo Stato aiuti le famiglie numerose. Non farebbe che aiutare se stesso, il futuro della nazione, dell'economia, della nostra cultura. I figli numerosi possono provvedere più facilmente ai propri genitori anziani e non caricare tutto su una società che sta già avendo grossi problemi di fronte all'invecchiamento generalizzato della popolazione.

Nostalgia di famiglia?

La famiglia soffre, ma non è morta. Essa è il cuore della vita civile e sociale di un popolo, non può essere uccisa senza gravi conseguenze per tutti.

Quando leggo Pirandello, la cui esperienza familiare fu certamente drammatica oltre ogni immaginazione (basterebbe leggere il suo epistolario), trovo una grande "nostalgia" di famiglia. Solo perché era siciliano? O forse piuttosto perché era un uomo? La famiglia è parte dell'*humanum*. Quella monogamica nata dall'unione tra un uomo e una donna, più che oggetto del passato, mi appare come una bellissima tentazione per il futuro. Come una promessa, una sfida, una possibilità che ci attende.

II

L'ORIGINALE DIPENDENZA

L'uomo è destinato alla solitudine? Questa è la domanda da cui voglio partire. È una domanda che tocca in profondità la nostra vita, che riguarda tutti noi. Talvolta ci sembra che la risposta non possa che essere "sì": quando non riusciamo a comunicare con nessuno, quando le esperienze più ricche della nostra vita non sono percepite dagli altri, non sono valorizzate e neppure comprese; quando ci sembra di non essere capiti neanche da coloro che ci sono più vicini, la cui vita è strettamente intrecciata alla nostra, da coloro che amiamo e per cui ci siamo tanto sacrificati.

In realtà arrendersi a questa conclusione sarebbe disumano. Abbiamo dentro di noi una voce che dice: «Non è giusto». È la voce profonda della nostra esigenza di comunicazione e di comunione con gli altri.

Un mondo in cui mancasse assolutamente la comunicazione sarebbe un mondo infernale. Jean Paul Sartre ha scritto che l'inferno esiste e sono gli altri[1]. I film di Antonioni hanno esaltato in un certo periodo questo tema dell'incomunicabilità; così i romanzi di Alberto Moravia.

Nel più profondo del nostro essere sentiamo che non è vero, che non possiamo rassegnarci e chiuderci in noi stessi.

In ciascuno di noi convivono più esperienze, solo apparentemente contraddittorie. Da una parte, le ferite e le delusioni della vita ci spingono a retrocedere, a chiuderci, a non sperare più. Dall'altra, la disumanità evidente di questa accettazione della sconfitta ci apre a nuove speranze, che possiamo avvertire all'inizio come illusorie, ma che infine si impongono: la speranza di nuovi amori, di nuovi legami, di nuove amicizie. Appena un barlume di tutto ciò si radica nella nostra vita, il suo tessuto si rianima, un sangue nuovo scorre dentro di noi. Ci sembra che le difficoltà siano di colpo cancellate; che la paura degli altri, la volontà di ripiegarci e di rinunciare ai rapporti, sia una malattia della nostra mente o del nostro spirito. Prendiamo così coscienza che lo stare bene è legato ad avere rapporti: noi siamo destinati agli altri.

Pavese così scriveva nel suo diario: «La massima sventura è la solitudine, tant'è vero che il supremo conforto – la religione – consiste nel trovare una compagnia che non falla, Dio. [...] Tutto il problema della vita è dunque questo: come rompere la propria solitudine, come comunicare con altri. Così si spiega la persistenza del matrimonio, della paternità, delle amicizie. [...] Mistero perché

[1] Cfr. J. P. Sartre, *Porta chiusa*, in *Le mosche; Porta chiusa*, Bompiani, Milano 1947, 238.

non ci basti scrutare e bere in noi e ci occorra ri-avere noi dagli altri»[2].

C'è un sigillo profondo dentro il nostro essere. La nostra realtà personale rivela l'impronta di Colui che ci ha fatti.

La paura degli altri

Viviamo in un'epoca in cui molti hanno paura degli "altri". L'altro, il diverso, rappresenta spesso il nemico, colui che insidia la nostra libertà, la nostra quiete finalmente raggiunta, la nostra pace. È visto come un invasore del territorio, un nemico della patria.

Alcune volte può essere proprio così. Tuttavia questa paura radicale dell'altro va superata. Essa si manifesta come una tentazione di chiuderci in noi stessi, nei nostri pensieri, nelle nostre abitudini. Per i più giovani è la tentazione di limitarsi a rapporti brevi e funzionali, al piccolo-grande rapporto con le tecnologie. Si creano amicizie virtuali, si può *chattare* con chi non si vedrà mai, si può incontrare tutto il mondo senza mai uscire da se stessi.

L'altro è invece, positivamente, la parte di me che ancora non conosco. Per prendere coscienza di me stesso e per continuare a vivere, ho bisogno degli altri. Il bambino impara a parlare sentendo la voce della mamma, prende coscienza di esistere incontrando i volti, cominciando a toccare le cose, le gambe del tavolo, i primi

[2] C. Pavese, *Il mestiere di vivere,* Einaudi, Torino 2000, 154.

giocattoli, vedendosi allo specchio. Senza uscire da noi non possiamo crescere. Perché non ci siamo fatti da noi stessi.

Queste annotazioni pedagogiche rivelano una questione ben più profonda che vorrei chiamare "la nostra originale dipendenza". Per quanti sforzi la scienza possa fare per darci la possibilità di decidere se vogliamo essere o meno all'origine di altre vite, di determinare il sesso del nascituro, il colore dei capelli o degli occhi, c'è qualcosa che non possiamo assolutamente cambiare: il fatto di essere nati da altri, di non essere noi il principio radicale della vita. Ciascuno è un essere che ha ricevuto l'essere, è un essere originato.

L'originale dipendenza

Perché sentiamo dentro di noi un'irresistibile esigenza di completarci nel rapporto con gli altri? Perché non siamo degli esseri completi. Ciascuno di noi è figlio di un padre e di una madre e, su su attraverso la catena delle generazioni, è figlio di Colui che sta all'origine. Per quanto si cerchi di voler cancellare le tracce della nostra dipendenza, non si potrà mai eliminare questa evidenza: tutto ciò che esiste ha un'origine. Quest'origine è stata pensata da alcuni come una casualità. In realtà, questa risposta non soddisfa.

Nessuno accetta veramente di essere frutto del caso. Quando viene meno la conoscenza del proprio padre o della propria madre perché si è stati abbandonati, e si scopre nell'età matura la realtà di questo abbandono, si scava dentro la persona un grosso vuoto. Un buco nero. Ciascuno sente l'urgenza e l'esigenza di un volto e di un nome da cui proviene. Non solo scopriamo di essere originati, ma vogliamo sapere chi ci ha originati. Senza la scoperta dell'origine anche il nostro presente si confonde e si cancella.

È lo struggimento che incontriamo, in uno dei primi e fondamentali pilastri della cultura occidentale, l'*Odissea*, sulla bocca del giovane principe Telemaco. Egli è nel pieno delle sue forze, è valoroso e saggio per la sua età, eppure non si conosce. Al fondo del suo cuore c'è un vuoto che gli impedisce di affrontare i nemici della sua famiglia e della sua patria. Suo padre è stato lontano per vent'anni ed egli quasi dispera di poterlo incontrare. Eppure «se tutto avvenisse conforme al desiderio dei mortali, / per prima cosa vorrei il ritorno del padre»[3].

La scoperta di un amore che ci precede e ci vuole, genera in noi quello stupore e quella gratitudine che è la molla segreta e nascosta di tutta la vita: l'origine del lavoro, della donazione e del sacrificio. «Dio veramente grande! Dio veramente buono! Io mi conosco ora, comprendo chi sono»[4], sono le prime parole dell'Innominato, dopo essersi lasciato abbracciare dal cardinal Borromeo. Quell'uomo senza nome, senza volto, sa, per la prima volta in tutta la sua vita, di essere un figlio amato, e cercato.

Ognuno di noi è un essere che *continuamente* riceve la vita da un altro. È questa la nascosta polla che origina il fiume dell'esistenza. Ogni tentativo di mettere in secondo piano o di negare questo fatto, il nostro essere figli, finisce per uccidere la nostra identità personale.

---

[3] Omero, *Odissea*, XVI, vv. 147-148.
[4] A. Manzoni, *I Promessi Sposi*, XXIII.

Una delle grandi mistificazioni del nostro tempo consiste nell'avere separato, addirittura contrapposto, la libertà del singolo e la sua appartenenza. Al contrario: non si è liberi, se non si appartiene. Quando mi innamoro di una persona, scopro me stesso come non mi ero mai visto. Vengono a galla capacità creative, dimensioni del mio essere che non conoscevo. Nell'amore per mio padre e mia madre, per i miei figli, trovo sicurezza, forza per sacrificarmi, genialità per lavorare. Se la libertà coincide con l'esperienza di essere realizzati in sommo grado, allora libertà e appartenenza non solo non si escludono, ma si implicano reciprocamente. Se tagliamo i legami con coloro che amiamo e che ci amano, non diventeremo veramente liberi, ma cadremo in balia del potere. L'uomo solo è impotente di fronte all'invasione dello Stato, della società, dei mass media, della pubblicità.

Chi nega di appartenere a qualcuno, nega di esistere. Certo, ci sono rapporti di appartenenza negativi, quando per esempio uno cerca di strumentalizzare l'altro per un proprio progetto, di usarlo per riempire il proprio vuoto, pretende di imporre le proprie idee, la propria fede, il proprio modo di vita. Ma questa non è più appartenenza, è schiavitù, che è l'opposto della libertà.

Non siamo Dio

Un accanimento furioso quanto irragionevole si è scatenato in questi ultimi secoli contro questa verità inestirpabile e bellissima: noi non siamo Dio. Se non ci si arrende a questa evidenza, che dà la giusta dimensione della nostra vita e dei nostri atti, e ci riempie di pace perché ci libera da responsabilità che non abbiamo, la nostra esistenza sarà una somma di infelicità. Invece, arrendersi a questa evidenza è la sorgente della letizia e della costruttività. All'origine c'è un padre. Solo se riconosciamo questo possiamo diventare padri e madri e, prima ancora, possiamo riconoscere chi ci ama e diventiamo capaci così di amare.

Siamo figli. Nessuno di noi può uscire dalla considerazione della propria origine. Dalla scoperta concreta che io quotidianamente imparo a parlare, a conoscere, ad amare, attraverso altre persone, risalgo, a poco a poco, alla scoperta fondamentale di un Tu che mi ha donato la vita e da cui originariamente dipendo.

Luigi Pirandello nella prima parte del Novecento aveva già previsto tutto il dramma di un intero secolo. Nella sua opera teatrale *Come tu mi vuoi*, genialmente mette in bocca alla protagonista, che si rivolge all'uomo che non ama, ma a cui ha deciso di consegnarsi pur di avere una qualunque identità: «Son qua, son tua; in me non c'è nulla, nulla più di mio: fammi tu, fammi tu, come tu mi vuoi»[5]. Analoghe espressioni l'autore aveva usato nel 1935 e 1936 in due lettere a Marta Abba, l'attrice in cui voleva alienare tutto il suo essere: «Tu non devi aver bisogno d'altri che di me, e di me vuol dire come di te stessa, perché io non sono altro che tu; [...] io, per noi, vuol dire tu»; « io sono tu, Marta mia, tu stessa»[6].

Poiché non riconosceva un Tu personale e divino all'origine di ogni essere, Pirandello non poteva fare altro che affermare la necessaria schiavitù dell'uomo. Dall'appartenenza non si esce. Occorre

---

[5] L. Pirandello, *Come tu mi vuoi*, Mondadori, Milano 1971, 158.

[6] L. Pirandello, *Lettere a Marta Abba*, cit. in E. Gioanola, *Pirandello's story. La vita o si vive o si scrive*, Jaca Book, Milano 2007, 157 e 167.

soltanto decidere se sia più umano e più ragionevole alienarsi nel potere di altri o scommettere, come ha fatto Pascal, che all'origine di tutto ci sia un amore personale rispettoso della nostra libertà.

Libertà e donazione

Gran parte degli intellettuali del Sette, Otto e Novecento hanno visto un'antinomia radicale tra l'appartenenza e la libertà. I frutti amari di questa posizione ci portano oggi a considerare la vita in un altro modo, più umano e ragionevole. Soltanto se si riconoscono i legami veri e non alienanti si diventa liberi. La libertà consiste nella donazione di sé. Gesù ha detto: *chi si perde si trova* (cfr. Mc 8,35). Chi si apre ai doni che possono venire dagli altri, scopre, a poco a poco, i propri doni e il proprio volto.

Nell'appartenenza reciproca riconosco che non posso vivere senza gli altri, senza l'altro. Nello stesso tempo l'altro non potrà mai essere il compimento totale della mia personalità. L'esperienza della solitudine che si vive anche nell'amore più intenso e infuocato, nell'abbraccio più appassionato, nell'amicizia più travolgente, rimane fondamentale. È come l'indice puntato verso la ricerca di un Altro che possa finalmente e compiutamente soddisfarci. La vita dell'uomo è perciò percorsa da due movimenti apparentemente contraddittori che tutta la grande arte (si pensi, per esempio, alla poesia di Leopardi, al teatro di Shakespeare) aveva presentito: l'uomo ha bisogno di compiersi in un rapporto fisico, vicino. E nello stesso tempo ogni fisicità rimanda a qualcosa di più grande. L'enciclica *Deus caritas est* di Benedetto XVI ha detto a questo proposito una parola nuova nella storia del cristianesimo, o forse, più semplicemente ha portato a sintesi pensieri sparsi in autori diversi. Non c'è contrapposizione tra *eros* e *agàpe*. L'*eros*, l'amore che desidera e che si realizza anche attraverso l'attrazione dei corpi, sente dentro di sé la tensione verso ulteriori compimenti. Il cristianesimo non è il luogo del desiderio incompiuto ma, all'opposto, la storia di compimenti successivi, anche attraverso il sacrificio. L'incontro con le cose e con le persone porta dentro di sé la profezia di una comunione che Dio ha donato al mondo attraverso l'Incarnazione di suo Figlio.

III
CREATI PER LA COMUNIONE

Ognuno di noi si realizza sempre in una comunione di persone. Il poeta fiorentino Mario Luzi guarda le ragazze passeggiare per le vie di Firenze e intuisce che «dentro gli occhi / delle più fragili donne, / una vela umida di destino / chiede a noi un porto profondo»[1]. Uno spazio d'amore che accolga la vela della barca della loro anima, che si protende verso il suo destino.

Creati da Dio come uomo e donna, mostriamo costitutivamente in noi il segno della nostra incompiutezza, del nostro essere destinati ad altri. Non c'è bene nella solitudine, c'è bene solo nella comunione[2]. In questo nostro desiderio di socialità c'è l'impronta della Trinità. Il "Noi" divino costituisce il modello del "noi" umano. Non solo dunque la nostra intelligenza, libertà e spiritualità sono il segno del nostro essere immagine e somiglianza di Dio, ma

---

[1] M. Luzi, «Serenata in piazza D'Azeglio», in *La barca*, in *Tutte le poesie*, Garzanti, Milano 1979, 13.

[2] Cfr. Giovanni Paolo II, *Lettera alle famiglie*, n. 6.

anche proprio il nostro essere uomo, essere donna, il nostro essere bisognosi di altri.

La famiglia è la prima e fondamentale espressione di questa natura sociale dell'uomo. Nell'esperienza della comunità familiare, ciascuno di noi scopre che non può ritrovarsi pienamente se non donandosi agli altri: «Amare significa dare e ricevere quanto non si può né comprare né vendere, ma solo liberamente e reciprocamente elargire»[3]. Ogni uomo, ogni donna, porta in sé qualcosa di Dio. È un infinito, un fine, mai un mezzo. Eppure per ritrovarsi ognuno di noi ha bisogno di perdersi, di donarsi.

Tutto il cammino drammatico della nostra personale esistenza ci pone davanti a questa domanda: esiste solo ciò che io penso, sento, voglio, o esiste anche qualcos'altro? Aprirsi alle ragioni dell'altro, cominciare ad ascoltarlo, a conoscerlo, dare spazio alle intuizioni per cui Dio ha fatto gustare il presentimento che fossimo fatti l'uno per l'altro. Senza quest'apertura, a poco a poco, marito e moglie si trovano a vivere su strade parallele e scoprono di non capirsi più, di non riuscire più ad ascoltarsi. Anche se continueranno a vivere assieme, sarà soltanto una coabitazione.

Certamente, senza l'aiuto di Cristo, senza l'opera dello Spirito che crea in noi i canali dell'ascolto, dell'accoglienza e della comprensione, è molto difficile, anzi, quasi impossibile per l'uomo e la donna vivere questa continua avventura di una riscoperta del loro essere insieme. Con Lui, seguendo Lui, questo non solo è possibile, ma diventa l'esperienza esaltante e sempre nuova di

[3] *Ivi,* n. 11.

ogni giorno. «Tutti i tradimenti, le diserzioni e le idolatrie di Israele, descritte dai Profeti in modo drammatico e suggestivo, non riescono a spegnere l'amore [...]. L'amore, con cui lo Sposo "ha amato sino alla fine" la Chiesa, fa sì che essa sia sempre nuovamente santa nei suoi santi, anche se non cessa di essere una Chiesa di peccatori»[4].

Spirito nel corpo

Già Platone nel *Convito* ha visto nell'**eros** un aspetto costitutivo e rivelatore della persona. L'uomo può arrivare al bene della vita soltanto attraverso passaggi successivi che iniziano riconoscendo il bene nascosto nelle cose e nelle persone. Dal bene sensibile si arriva al bene invisibile, soprannaturale[5]. Un'analoga certezza attraversa il pensiero cristiano. Poiché Dio si è unito a un corpo umano, l'amore non può escludere il desiderio e la corporeità.

Tuttavia, all'interno del pensiero antico nasce anche una tendenza a disgiungere spirito e corpo, esaltando uno a detrimento dell'altro[6]. Per esempio la tradizione orfica, a cui ha attinto a piene mani lo stesso Platone e da lui tutta la mistica neoplatonica, ha considerato il corpo come una prigione. L'anima in esilio deve tornare al cielo, lasciando il corpo come il serpente lascia la sua pelle ormai inutile.

---

[4] *Ivi,* n. 19.
[5] Cfr. Platone, *Convito*, 210c - 212c.
[6] Cfr. D. De Rougemont, *L'amore e l'Occidente*, Rizzoli, Milano 1993.

Tale tendenza permane nel Medioevo e si afferma nell'età moderna. Molte eresie medioevali hanno rivelato un'incapacità di accettare lo scandalo della corporeità. Il disprezzo per il corpo si mescolava con il fascino morboso che da esso emanava. E la poesia provenzale, la poesia cortese dei *troubadour*, ha esaltato l'eros incompiuto, l'amore a distanza, l'*amour de long*, che non può compiersi perché si è lontani, ma soprattutto che non può compiersi nel modo tradizionale perché è un amore trasgressivo. L'amore che brucia dal desiderio, ove l'*eros* è una cifra che viene disgiunta dal rapporto sessuale. Più che amore donatore di vita, esso porta alla morte: «Il fatto oscuro e inconfessabile che la passione è legata alla morte e che essa porta con sé la distruzione per coloro che vi si abbandonano con tutte le forze»[7]. Si fondono e si confondono aneliti provenienti dall'orfismo e dal platonismo, emergono mistiche orientali dall'Iran e suggestioni buddiste.

L'angelo e la bestia

Il segno di tutto ciò nel nostro tempo è una certa schizofrenia tra l'esaltazione della bellezza del corpo attraverso le palestre, i cosmetici, le riviste patinate, da una parte, e, dall'altra, la negazione della corporeità manifestata dalle filosofie e religioni orientali in cui l'unità cosmica e sovrapersonale nasce dall'annientamento dell'individuo. Si realizza ciò che aveva già detto Pascal nel Sei-

---

[7] *Ivi*, 65.

cento: chi vuol diventare angelo finisce per diventare bestia[8]. È il tema anche di quel terribile e limpido manifesto di tanto estetismo contemporaneo che è *Il Ritratto di Dorian Gray* di Oscar Wilde[9]. Il protagonista ottiene che i segni del tempo e delle sue scelte malvagie non incidano sul corpo, illudendosi così di poter vivere spensieratamente una vita di azioni senza conseguenze. Un viso d'angelo e un animo bestiale. Ma una simile eterna giovinezza, gravata dalla sterilità affettiva, dall'inutilità e dalla solitudine, si rivelerà un peso insopportabile.

Occorre ritrovare l'unità umanizzante fra tutti i livelli del nostro essere, della nostra personalità. Dare al corpo il suo giusto posto, senza nessuno spiritualismo o manicheismo che veda nella corporeità un male. Il corpo è un bene di cui dobbiamo prendere coscienza. È una realtà intrascendibile. Nulla possiamo fare e vivere senza di esso, al di fuori di esso. Nello stesso tempo, noi siamo uno spirito in un corpo. La nostra corporeità può essere guidata e diventare espressiva di ciò che siamo. Non dobbiamo mai disgiungere le due dimensioni.

Oggi purtroppo, la manipolazione genetica ha portato a una mentalità che fa dell'uomo un oggetto di cui disporre a piacimento. Allo stesso modo alcune correnti delle neuroscienze pensano di poter ridurre la psiche e la spiritualità a pure reazioni cellulari, a un fatto chimico-fisico. L'uomo è così ridotto a macchina. La sua dignità non sarebbe più grande di quella di un computer o di un telefono cellulare.

---

[8] Cfr. B. Pascal, *Pensieri*, n. 329, Bompiani, Milano 2009, 179.
[9] Cfr. O. Wilde, *Il ritratto di Dorian Gray*, Garzanti, Milano 2007.

L'amore, strada al compimento dell'io

Erich Fromm scrive: «Ho bisogno di te per essere me stesso [...]. Amandoti, tu mi dai a me stesso, tu mi permetti di essere»[10]. Questa frase esprime in sintesi l'amore come incontro che decide dell'identità di ogni persona. Mi sembra importante però ricordare che non c'è verità nell'amore inteso come incontro di anime belle. «Nella mia esperienza quotidiana – mi scrive un'amica – mi capita spesso di stare davanti alla "diversità" di mio marito e dei miei figli, alla loro "alterità". Questo può, a volte, costituire una ragione di fatica. Se parto però dalla consapevolezza della mia sproporzione, della mia impossibilità a essere per l'altro il suo compimento totale, finisco per guardare loro amandoli, poiché amo Colui che è il loro destino. Divento così capace di stima, tenerezza e affezione, più ancora che se partissi da un sentimento appassionato».

Per alcuni l'alterità, la differenza profonda di colui o di colei che hanno scelto come compagno o compagna di tutta la vita, suscita paura. «L'alterità non diventi una tomba!», mi scrive ancora un amico. E da un'altra famiglia ricevo questo racconto: «Per comprendere la nostra diversità siamo costretti a uscire da noi stessi, al punto più vero dell'altro, alla sua grandezza. Qui scopriamo perché proprio noi due, così come siamo fatti, siamo stati scelti per vivere insieme».

Per questa ragione ogni rapporto d'amore è sempre interessato e disinteressato. È disinteressato perché si nutre di gratuità: l'altro

---

[10] E. Fromm, *The art of loving*, New York 1952, 77, cit. in J. Pieper, *Sull'amore*, Morcelliana, Brescia 1974, 53.

è amato perché c'è, non per quello che mi può dare. È nello stesso tempo interessato: l'amore è sempre preferenza. Essere amati significa essere visti come un caso d'eccezione[11].

La *Deus caritas est* mostra in modo mirabile l'unità fra *amor concupiscentiae* e *amor benevolentiae*. L'enciclica svela che l'amore di concupiscenza, cioè quello sensuale, non nega la gratuità dell'amore. Il nostro è un amore bisognoso, indigente, un amore che mira alla felicità, un amore fecondo, che gode del bene dell'amato. L'amore è il punto in cui la volontà si unisce e si congiunge alla gioia e al bene di un altro[12].

Dall'amore di sé all'amore degli altri

A prima vista l'amore di sé come dono sembra una contraddizione. Amare se stessi sembrerebbe voler dire risparmiarsi, non uscire mai dal proprio castello, non correre il rischio di incontrare l'altro, percorrere strade già ben conosciute e sicure. C'è una verità in questo. Quando parlo dell'amore come dono, non intendo una dissipazione di sé, una corsa dietro qualunque richiesta, una rincorsa dei bisogni degli altri e delle loro pretese. Chi fa così non costruisce nulla. E alla fine si trova soltanto svuotato e deluso.

Il primo passo è quello di scoprire chi è colui o colei che Dio ci ha messo a fianco, con cui vuole che noi abbiamo a costruire il

---

[11] Cfr. J. Pieper, *Sull'amore*, *op. cit.*, 89.

[12] Cfr. Francesco di Sales, *Traité de l'amour de Dieu*, I, Nierat, Annecy 1894, 71.

cuore di questa comunione che dovrà poi dilatarsi nel tempo ad altre persone. Può essere un amore, un'amicizia, una compagnia vocazionale.

Il giovane principe Amleto, circondato da spie e cospiratori fin nel cuore del suo palazzo e della sua famiglia, vede stagliarsi ancora più netto il valore unico del suo caro amico, il compagno di studi Orazio: «Mi senti? Da quando questa mia anima, che mi è cara, fattasi padrona di scegliere, seppe far la differenza tra gli uomini, tu sei colui che ha marcato del suo sigillo»[13].

Scoprire quali sono le persone decisive è forse il giudizio più importante di tutta la vita: significa scoprire qual è il disegno di Dio sulla nostra esistenza. Tale disegno si realizza sempre attraverso persone che Egli ci mette accanto. «Ciò che occorre è un uomo, / un passo sicuro, e tanto salda / la mano che porge che tutti / possano afferrarla, e camminare / liberi, e salvarsi»[14].

Una volta operato questo giudizio, è necessario rimanere fedele a esso. Un presentimento di bene ci ha portato a riconoscere gli amici, la moglie o il marito, con cui accompagnarci per sempre. E Renato Zero, in una recente intervista, riconosce: «La vita è dispettosa, ti porta in giro, ti suscita nuove voglie; ma alla fine ritorni al punto di partenza. Il libertinaggio non ti interessa più. Capisci che anche i difetti della donna amata erano belli, ti accorgi di amare pure quelli, e accetti di tornare da loro»[15].

---

[13] W. Shakespeare, *Amleto*, in *Tutto il teatro*, Newton and Compton, Milano 2009, 2215.

[14] C. Betocchi, «Ciò che occorre è un uomo», in *Tutte le poesie,* Garzanti, Milano 1996, 538.

[15] A. Cazzullo, *Renato Zero: scelgo le donne (e canto il mio amore segreto)*, in «Corriere della Sera», 14 novembre 2010, 43.

Una volta detto il nostro "sì", tanti sentimenti successivi possono intervenire. Dobbiamo stare attenti a non diventare come una bandiera agitata da tutti i venti.

Donarsi vuol dire anzitutto scoprire che siamo chiamati a costruire qualcosa assieme all'altro. Egli diventa realmente un sacramento di Dio, un segno della sua volontà. Dio mi chiama a vivere un'avventura che non posso scoprire da solo. Dobbiamo scoprirlo assieme, a poco a poco, giorno per giorno, anche sbagliando, perché il disegno si rivela lentamente e anche attraverso percorsi difficili. Donarsi è allora fare spazio a quello che l'altro pensa, comprende e vuole. Non per aderirvi impulsivamente, ma per scoprire assieme che cosa Dio ci vuole dire.

IV

CONOSCERSI. IL FIDANZAMENTO

In certi momenti della vita entrano improvvisamente, nei nostri pensieri e progetti, altre persone. Alcune resteranno solo per poco tempo al nostro fianco. Altre si collocheranno invece nella nostra esistenza come presenze durevoli che potranno seguirci per anni o addirittura per tutta la vita.

Amicizia

Esiste una gamma infinita di sfumature tra queste presenze. Alcune rappresentano semplicemente i termini di un'alleanza operativa. Ci si mette assieme per fare qualcosa. Altre sono più decisive: si fa qualcosa insieme, ma in vista di un ideale comune. La condivisione, in questo caso, è ben più profonda che in una semplice collaborazione di lavoro. Ma ci sono presenze ancora più radicali: quando l'altro viene avvertito, all'inizio quasi sempre in modo confuso ma affascinante, come il vicino indispensabile, come un essere necessario al proprio essere, qualcuno che è legato al pensiero che abbiamo di noi stessi.

È, quest'ultimo, il caso delle amicizie e degli innamoramenti. I due fenomeni presentano analogie e anche grandi differenze. Nell'amicizia, quando essa è veramente tale, e cioè una condivisione di cose umane in vista di beni eterni, come la definiva Cicerone[1], l'altro è visto come un completamento di sé, come il termine di un dialogo continuo in vista del compimento del proprio volto. Non è un caso perciò che l'amicizia sia stata definita, di volta in volta, come due corpi in una sola anima, o come due metà dell'anima in un solo essere[2]. Al di là di queste definizioni, l'amicizia vera è una compagnia preziosa per la vita. È un dono. Non può essere mai pretesa, ma può essere custodita ed è la strada principale della nostra continua rinascita. Per vivere ha bisogno di rinascere continuamente dalle ceneri della gelosia e dell'invidia che vorrebbero ucciderla.

Innamoramento

All'amicizia è estraneo l'erotismo nel senso stretto del termine. Questo invece è una caratteristica dell'innamoramento. Quando un uomo si innamora di una donna o una donna di un uomo, perché si parli propriamente di innamoramento occorre che vi sia

---

[1] Cfr. Cicerone, *Laelius de amicitia*, 20, VI.
[2] Cfr. Gregorio di Nazianzo, *Discorsi*, XLIII, 20.

un'attrazione assieme erotica e spirituale. Nel suo inizio generalmente è un fenomeno piuttosto confuso. Si percepisce un'attrattiva per l'altra persona. L'intuizione di qualcosa di grande, di mai accaduto, di inimitabile, di definitivo, qualcosa senza del quale tutto sembrerebbe morte. Un avvenimento che ci colloca improvvisamente in una prospettiva nuova rispetto a tutto. *Incipit vita nova*, qui comincia una vita nuova, è così che il cuore di Dante Alighieri sussurrò a se stesso incontrando lo sguardo di Beatrice per le strade della Firenze del Duecento[3].

Per usare un'immagine: è come passare da un film muto a uno parlato, da un film in bianco e nero a uno a colori. Tutto ciò che prima ci sembrava attraente di per sé, adesso ci sembra attraente perché c'è lui o lei. «Se il mondo prende colore / e vita, lo devo a te, amore...» ha scritto Giorgio Caproni[4].

Non è mai soltanto il fascino di un corpo. Certo, possono essere importanti gli occhi, i capelli, il viso, o altri aspetti del corpo, ma l'innamoramento vero non si può mai ridurre a questo. È anche il tono della voce, sono certe parole, certi sguardi, certe frasi. Quelle stesse che su un'altra bocca ci sono sembrate assolutamente insignificanti, ma che dette da quella persona sembrano nuove, irripetibili, profonde.

G. K. Chesterton così scriveva alla giovane che avrebbe sposato, nei primi giorni del loro fidanzamento: «Davanti [all'uomo che ti scrive] stanno quattro lumi votivi di ringraziamento. Il primo è per essere stato creato della stessa terra con una donna come te. Il se-

[3] D. Alighieri, *Vita nova*, I, 1.
[4] G. Caproni, «A Rina», II, in *Tutte le poesie*, Garzanti, Milano 1995, 949.

condo è che egli, con tutti i suoi difetti, non se ne è andato dietro a donne strane. Non puoi sapere quanto l'autocontrollo di un uomo ne sia ricompensato. La terza è che egli ha cercato di amare ogni cosa vivente: una pallida preparazione ad amare te. E la quarta è... Ma le parole non possono esprimerla. Qui termina la mia esistenza di prima. Prendila: mi portava a te»[5].

Ho cercato di descrivere la fenomenologia di un inizio. Perché questo è soltanto l'inizio. L'intuizione di un'ipotesi, per quanto profonda essa possa apparirci. Potremmo allargare l'orizzonte di osservazione: vedremmo che così capita in ogni vocazione. Ciò che succede a noi nell'innamoramento sembra assolutamente unico, è in realtà comune a una serie infinita di unicità.

Vengono poi i giorni della normalità. Che fare di questo innamoramento? Come capire se avrà un seguito?

La verifica

Oggi è assolutamente inusuale parlare di fidanzamento. Forse l'immagine borghese del fidanzamento (il dono dell'anello, le passeggiate assieme sotto il controllo dei genitori o dei parenti) è servita a rendere sorpassata, quasi ridicola, tale esperienza. Ma il suo contenuto centrale non è assolutamente da buttare.

Prima di un sì definitivo, occorre conoscersi. Non nascono forse da questa esigenza le convivenze? Mi scrive uno psicologo: «Ci

---

[5] M. Ward, *Gilbert Keith Chesterton*, Rowman and Littlefield, Lanham, Maryland 2006, 94 (la traduzione è di E. Rialti).

sono convivenze di anni tra "fidanzati" che non costruiscono una relazione solida, né danno una maggior consapevolezza del proprio desiderio e che sfociano in deludenti separazioni appena i due traducono il legame in matrimonio, per timore di un impegno che limiti la libertà soggettiva. C'è una paura sempre maggiore di sposarsi, pur nell'innegabile desiderio di un amore duraturo. Si preferisce vivere in un limitato orizzonte narcisistico che rinchiude i soggetti in un'angusta dimensione, bisognosa di conferme dall'esterno, che non hanno lo spessore di una vera relazione».

Sappiamo benissimo che non ci può essere conoscenza esauriente dell'altro e che nessuna conoscenza può esimerci dal rischio della fedeltà. Tutto ciò non toglie la bellissima avventura della conoscenza reciproca. Venire a sapere, attraverso il racconto dell'altro, la sua similitudine e la sua differenza rispetto alla nostra personalità, cercare di comprendere quanto egli ci possa integrare, arricchire, non è un atto che ci sostituisce a Dio, ma è una prudente sapienza che nasce da Dio stesso, che ha preso l'iniziativa di farci incontrare e ha messo dentro di noi l'ipotesi di una vita assieme.

La conoscenza di sé e dell'altro implica anche la conoscenza della propria e dell'altrui sessualità e l'accettazione di essa, comprende l'esperienza affascinante dell'attrattiva che la differenza sessuale dell'altra persona provoca in noi. Sembra che oggi non ci siano più misteri per nessuno. I rapporti sono spesso molto precoci e rapidamente consumati. Eppure tutto ciò non vuol dire necessariamente scoperta dell'altro. Essa è invece un lungo e interessante itinerario dell'esistenza.

Non ogni innamoramento porta alla scelta del matrimonio. Alcuni amori si riveleranno superficiali, provvisori. Ma nessuno sarà stato inutile. Tutti ci avranno aiutato a conoscere aspetti di noi stessi e della vita che non avevamo ancora scoperto.

Conoscere l'altro è soprattutto vedere se egli condivide i nostri ideali o se almeno li rispetta, se è interessato a essi. È, questo, un punto importante, spesso sottovalutato. Per questo la Chiesa invita sempre alla prudenza nei matrimoni fra persone che hanno diverse fedi religiose, e perciò diverse concezioni della vita, diverse gerarchie con cui guardare a ciò che interessa e che determina il concreto tessuto delle ore del giorno.

Cosa c'entra Dio?

Se Dio è semplicemente colui che ha dato origine al mondo mettendo in moto un orologio, se è un principio filosofico, o anche una persona lontana, indifferente ai casi del mondo, egli non entra a far parte del dialogo fra due futuri sposi. Ma, se almeno uno dei due ha sperimentato che questo Dio è una persona presente che parla attraverso le circostanze della vita, che attrae attraverso coloro che lo hanno seguito, allora tutto ciò non può non entrare nel dialogo fra due fidanzati. È come parlare della concezione dei soldi, della casa, dell'educazione dei figli. Dio è una presenza concreta, un terzo con cui fare i conti. La prospettiva del matrimonio come sacramento non è allora un'ipotesi estrinseca che si aggiunge a piani che sono già perfetti senza di lui, senza Dio. È qualcosa che cambia alla radice tutti i nostri progetti, perché fa poggiare interamente su un Altro la possibilità del nostro sì e della nostra fedeltà, l'intelligenza del nostro affronto delle difficoltà e dei problemi.

La comunità cristiana oggi, nella maggior parte dei casi, aiuta questa dimensione attraverso i corsi prematrimoniali. Ma la questione è ben più ampia e profonda. Si tratta di decidere se di fronte al matrimonio siamo soli, tutt'al più aiutati dal consiglio dei parenti o degli amici, o se invece tenere in conto la presenza decisiva di Colui che ha fatto il nostro cuore e la nostra mente e ci ha fatti incontrare per camminare insieme verso di Lui.

V
LA FEDELTÀ

«Tutto ciò che finisce è troppo breve». Questa considerazione fulminante di Agostino d'Ippona, letta tanto tempo fa anche se non ricordo più dove, ritorna continuamente alla mia memoria quando partecipo, da spettatore coinvolto e perciò, in un modo o in un altro, sofferente, alla fine drammatica di tante famiglie. Separazioni, divorzi.

Se si guardano le statistiche relative alla famiglia nei nostri Paesi occidentali, nei Paesi di antica evangelizzazione, si può constatare una crescita impressionante di fallimenti. Le cause sono molteplici e non è qui il caso di soffermarsi. Proviamo soltanto a prenderle in considerazione come interrogativi. Si arriva meno preparati al matrimonio? Ci sono condizioni esteriori, sociali, che favoriscono la fine della fedeltà? Il peso del lavoro? L'emancipazione della donna? Lo scarso numero dei figli? L'erotismo invadente che ha ridotto la sessualità a un bene di commercio sempre più interscambiabile? La paura delle responsabilità comuni? L'incapacità a perdonare e a perdonarsi?

L'elenco è lungo e potrebbe protrarsi ulteriormente.

Ma la vera questione è un'altra.

Quando un uomo e una donna, innamorandosi l'uno dell'altro, verificano che è ragionevole pensare di mettersi assieme per tutta la vita, che cosa può dar loro la certezza della fedeltà?

L'amore che muore

La paura sembra negare all'uomo e alla donna il futuro desiderato. Eppure non c'è distinzione fra l'amore e la fedeltà. Benedetto XVI ha detto: «La fedeltà nel tempo è il nome dell'amore»[1]. Questa sintetica e sorprendente affermazione sembra andare nella direzione opposta al comune sentire degli uomini e delle donne del XXI secolo. Ma è proprio così? È proprio vero che per l'uomo e per la donna non ha nessun peso la fedeltà? È proprio vero che non si desidera il futuro dell'amore sbocciato?

Per quanto posso capire, guardando il mio cuore e il cuore degli uomini che ho conosciuto, ogni nuovo amore porta dentro di sé il desiderio di non finire mai, di bruciare ogni avversità, di combattere ogni nemico della comune felicità.

Esiste oggi un'immensa letteratura che nega tutto ciò, che comprende anche film, cronache giornalistiche, *pièces* teatrali... Eppure non si riesce a spegnere la malinconia per l'amore che muore.

Non è dunque vero che l'uomo non desideri ardentemente per sé e per l'altro la fedeltà all'amore che li accomuna. È piuttosto vero

---

[1] Benedetto XVI, *Celebrazione dei Vespri con sacerdoti, religiosi, seminaristi e diaconi,* Chiesa della SS.ma Trindade, Fatima, 12 maggio 2010.

che, mentre desideriamo l'eternità dell'amore, con le nostre sole forze non siamo capaci di assicurarla. Ogni difficoltà ci appare come un ostacolo, una montagna che si erge davanti a noi e che da soli non riusciremo mai a scalare. Non ci rimane allora che considerarci sconfitti? La vita è solo un inganno? Promette e scrive dentro di noi tale promessa e poi non mantiene? Senza Dio la fedeltà non è possibile. Ma, d'altra parte, l'uomo può qualcosa senza Dio?

In una lettera di mio fratello trovo questa frase: «Per quanto riguarda la fedeltà, mi sembra che essa si nutra di un'esperienza semplice e decisiva: l'umiltà, cioè la consapevolezza del proprio limite e, assieme, l'affermazione di qualcosa di più grande delle divisioni, intuito come vero. Un desiderio di compimento che passa anche attraverso la quotidianità del sacrificio. È sempre un "di più", mai una privazione».

Una delle ragioni più comuni nel fallimento di un amore è il convincimento della persona di essere sola. Ci sono uomini e donne che vivono assieme come se fossero soli. Non comunicano fra loro se non raramente e, quando lo fanno, il loro dialogo è superficiale. È come se queste persone non si fossero ancora veramente incontrate. Occorre dunque domandare la grazia di un incontro, quella grazia per cui l'altra persona assume nella nostra vita il peso di un compagno di viaggio. Egli diventa così una terra da esplorare, a poco a poco.

Il viaggio nell'altro

Il viaggio più interessante e infinito è quello che possiamo compiere nell'animo dell'altro che si apre a noi, rispettando la sua libertà e interiorità e, nello stesso tempo, godendo di tutte quelle meraviglie sconosciute che l'amante ci rivela.

Ho incontrato persone che vivevano assieme da trenta, quaranta, cinquant'anni. Ormai conoscevano quasi tutto l'uno dell'altro, eppure c'era ancora lo spazio per nuove scoperte. È importante conoscere le doti dell'altro e anche i suoi limiti, le sue ombre, la sua vita passata, i suoi interessi e i suoi fallimenti, insomma le sue somiglianze con noi e le sue diversità. In questo modo la storia dell'altra persona entra a modellare la mia. Eppure le nostre due personalità non si confondono, non si fondono tra loro, in un'illusoria compenetrazione di corpi e di anime. Restiamo uniti accogliendoci ogni giorno e sperimentando allo stesso tempo la nostra alterità.

Quali sono i nemici più grandi della fedeltà?

Il primo è l'abitudine. Ricordo una confidenza: «Dopo anni di matrimonio, di vita in comune, soprattutto con l'arrivo dei figli, ci si abitua un po' alla presenza dell'altro, alle sue rigidità, ai suoi difetti. Le preoccupazioni prendono il sopravvento e non ci si guarda più. Non si è più interessanti l'uno per l'altra. Le fatiche della vita hanno un po' spento quella fiamma che ci ardeva in cuore all'inizio».

Un altro grande nemico è l'incapacità a perdonare. Essa ha molte radici. Una è la superbia: non si vuole ammettere di fronte all'altro di aver sbagliato. Oppure si sente l'errore altrui come una diminuzione della propria autorità, della propria personalità. Un'altra radice è la gelosia. La persona che pur diciamo di amare viene sentita da noi come un oggetto che nessuno può guardare e neppure sfiorare.

Come ho accennato sopra, un'altra causa dell'infedeltà è l'erotismo. Il piacere viene sentito come un assoluto, disgiunto dal bene e dalla felicità. Isolato in se stesso, porta dentro di sé un preannuncio di morte. Il marchese De Sade ce lo ha insegnato per sempre.

Le strade della fedeltà

La fedeltà si nutre dunque di una continua scoperta, di un continuo superamento delle proprie chiusure. Invece della superbia e della vanagloria, l'umiltà. Invece dell'avarizia, la condivisione dei beni. Invece della gelosia, la confidenza. Invece della lussuria, una sessualità vissuta come compimento di sé nel rapporto con l'altro.

La fedeltà si nutre anche di pazienza e di ascolto. Abbiamo tutti assistito a scenate terribili fra marito e moglie, quando non si riescono più a controllare le parole ed esse tagliano come lame il cuore della persona amata. L'affermazione più vera del mondo, il rimprovero più appropriato, pronunciati senza amore diventano bombe che distruggono l'altro.

Ascoltare vuol dire cercare di entrare nelle ragioni dell'altro, comprendere le cause della sua difficoltà, che possono essere anche molto remote e nascoste. Vivere assieme, infatti, comporta farsi carico non solo del presente dell'altra persona, ma anche del suo passato. Per costruire il futuro occorre ricomprendere continuamente il nostro passato e, se necessario, superare quanto in esso ci blocca, ci impedisce di camminare.

Come si vede, la fedeltà è un'impresa vasta e affascinante, profondamente umana. Essa sa che la felicità dell'uomo non consiste in un correre continuo ad assaporare fiori diversi, come aveva teorizzato il don Giovanni reso famoso da Mozart. C'è molta più novità nel guardare lo stesso volto che nell'oscillare tra una faccia e un'altra.

VI

ESSERE PADRE, ESSERE MADRE

Ogni uomo e ogni donna nascono per diventare padre e madre. Non ci sono eccezioni. Nessuno è condannato a priori alla sterilità. Anche chi, volente o nolente, non riuscirà ad avere figli carnali, è chiamato a diventare padre o madre verso tante persone che chiederanno il suo aiuto, che potrà accompagnare alla maturità.

Il "mestiere" di padre

Viviamo in un tempo di eclisse della figura paterna. O perlomeno di debolezza della sua espressione. Il padre è colui che conduce il piccolo verso la vita. Tenendolo per mano, gli assicura che le difficoltà e le contrarietà possono essere affrontate e infine vinte. Di tutto ciò ha dato un'immagine molto viva Cormac McCarthy nel suo libro *La strada*. Racconta il viaggio di un uomo e di un bambino che continuano a «portare il fuoco» del reciproco amore in un mondo che sta dimenticando cosa voglia dire essere uomini, la differenza tra vivere e sopravvivere[1].

Senza la presenza del padre, nasce la tentazione di restare nel caldo e sicuro ventre della madre, di non vivere il rischio dell'esistenza. Una volta diventati adolescenti e giovani il pericolo diventa di chiudersi in amicizie protettive, di ripiegarsi su di sé, di lamentarsi per ogni avversità. La presenza del padre dà la sicurezza che la vita, pur nelle sue ombre, possiede una positività di fondo. Che vale la pena vivere e combattere.

Quanto è importante un padre che non si sostituisce alla libertà dei figli, ma che li tiene d'occhio, da vicino e da lontano! Quanto è importante un padre che gioca con i suoi bambini, quando sono piccoli, e poi non permette loro di stare troppo tempo davanti alla televisione o ai videogiochi, ma si preoccupa che abbiano amici veri, con cui giocare alle bambole o al pallone, con cui litigare, per poi imparare a perdonare!

Naturalmente non c'è solo il padre carnale. Si può dire che la vita sia un succedersi di padri. Insegnanti, amici più grandi, autori di grandi libri o di grandi opere... tutti possono essere padri, in diverso modo e a diverso titolo.

Dante, nel XV canto dell'Inferno, non ha timore a esaltare Brunetto Latini, maestro venerato in vita e ora ritrovato tra i sodomiti sotto una pioggia infuocata. Di lui il poeta ricorda la cara e buona immagine paterna che gli insegnò «come l'uom s'etterna»[2].

---

[1] Cfr. C. McCarthy, *La strada*, Einaudi, Torino 2007.
[2] D. Alighieri, *Divina Commedia*, Inferno XV, v. 85.

Certo, ci sono anche i corruttori. Coloro che profittano della propria autorità per condurre le persone loro affidate sulle strade del male. Sono i predicatori dell'ateismo, del nichilismo, di una visione cinica e disperata dell'esistenza, coloro che predicano la violenza, la lussuria, l'invidia, la rincorsa alle ricchezze, alla dimenticanza di sé nelle droghe, nell'assoluto del piacere. Ciechi di fronte al vero bene, accecano tanti ragazzi e tanti giovani.

Detto questo, bisogna però ridire che il "mestiere" di padre è la vocazione più bella che ci sia. Forse la più difficile, ma certo la più avventurosa e affascinante.

La poesia occidentale inizia con un padre e il suo desiderio di bene per la vita del figlio. Poche scene dell'*Iliade* di Omero colpiscono i cuori come l'episodio del libro VI, dove si narra l'incontro tra il principe Ettore e la sua sposa Andromaca col figlioletto Astianatte. Ettore ha appena profetizzato la prossima rovina della sua città, nonostante tutti i suoi sforzi eroici per difenderla. Troia cadrà e l'amatissima moglie sarà fatta schiava. In questa tenebrosa narrazione, che si verificherà in ogni suo fosco dettaglio, sembra non esserci posto per Astianatte. Il padre non riesce a "vedere" il destino del figlio, completamente inghiottito dalle nubi che si profilano all'orizzonte. Però, oltre tutte le possibili previsioni, dal suo cuore di padre sgorga una preghiera, nella quale la città miracolosamente esiste ancora e suo figlio vi potrà diventare persino più grande di lui, come ogni vero padre segretamente si augura e gioisce quando ciò accade. La presenza del figlio porta a sperare quello che parrebbe impossibile. Ettore solleva il bambino al cielo, e dice: «Zeus e voi altri dèi, concedete che questo mio figlio / si distingua come me in mezzo ai Troiani, / che abbia forza e dominio sovrano su Ilio, / e un giorno qualcuno dica "è molto più grande del padre"»[3].

Una bella metafora del passaggio tra generazioni, che avviene nell'esperienza della paternità e della figliolanza, è offerta da Antonello Venditti nella sua *Peppino* più di vent'anni fa: «Un padre e un figlio con un solo abbraccio / squarciano il tempo, vanno oltre lo spazio, / cani randagi nella notte scura / la vita no, non fa paura»[4]. E raccomandava al figlio di guardare le cose «con i tuoi occhi e con i miei occhiali»[5].

Eppure il rapporto tra padri e figli è anche il più difficile che ci sia. I padri sono spesso assorbiti dal lavoro, non hanno tempo per i loro ragazzi. Talvolta uno strano pudore impedisce loro di rivelarsi a coloro che più amano. Conosco pochi padri loquaci, espansivi. I più sono riservati, timidi, anche quando sono protagonisti in altri campi dell'umano. È il terribile rammarico del padre sul letto di morte raccontato ne *La coscienza di Zeno*: l'anziano e solido borghese di successo cerca di recuperare anni di silenzio e incomprensione con il figlio, lasciandogli in eredità una parola, una parola sola, con la quale affrontare il mondo e gli anni di cammino che lo aspettano. Ma non riesce a dirla. Riesce solo ad additare le stelle: «La parola che aveva tanto cercata per consegnarmela, gli era sfuggita per sempre»[6].

Vorrei invitare i padri ad arrischiarsi di più nel rapporto con i loro figli, a cercare le strade della comunicazione e del dialogo, a

---

[3] Omero, *Iliade*, VI, vv. 476-479.
[4] A. Venditti, «Peppino», in *Venditti e segreti*, Heinz Music, 1986.
[5] *Ibidem.*
[6] I. Svevo, *La coscienza di Zeno*, Giunti Gruppo Editoriale, Firenze 1994, 57.

non aver paura di sbagliare, anche davanti a loro. Un padre che riconosce i suoi errori, i suoi limiti e le sue debolezze guadagnerà consenso e affetto nei suoi familiari.

È certo difficile coniugare autorevolezza e confidenza, ma non è impossibile. È una lunga tessitura che può costare sangue e fatica, ma che spesso ottiene doni sorprendenti.

Mio figlio deve avvertire in me una persona più grande di lui, capace di condurlo, ma anche di accoglierlo, di perdonarlo. Non un super-uomo, ma semplicemente un essere che ha già vissuto, per ragioni anagrafiche, ciò che lui sarà chiamato a sperimentare.

Il padre non ha schemi di fronte al figlio, non lo chiude in un progetto, accetta la sua diversità, la sua novità rispetto al passato, è pronto a lasciarsi mettere in discussione, ma sa di non poter retrocedere di fronte ad alcuni punti fermi: il rispetto verso la sua persona, il chiamare male il male e bene il bene, il riconoscimento di Dio come fondamento della vita presente e futura.

Maternità e accoglienza

Quella della maternità è l'esperienza fondamentale nella storia dell'uomo, ne è l'asse portante. E nella vita della donna determina un cambiamento definitivo.

Per questo, alcune donne ritardano volutamente la possibilità di essere madri o, addirittura, rifiutano attraverso l'aborto la maternità che inizia. Vi sono tante ragioni terribili e gravi che scatenano la piaga dell'aborto. Le vedremo più avanti. Qui basti dire che talune donne sono bloccate da quella cultura che fa sentire la maternità come un peso, un ostacolo all'affermazione della personalità femminile. Ma la maternità non rappresenta per la donna una posizione di minorità rispetto all'uomo. Sono sacrosante le battaglie condotte dal femminismo in favore della dignità della donna, di leggi che riconoscano le sue capacità di lavoro, di creatività, finanche di leadership. Ma non per questo occorre andare contro il suo poter essere madre. Essere madre non è una negazione della femminilità, ma il suo frutto più bello.

Nella gestazione la madre stabilisce con il figlio un rapporto fisico, psicologico e spirituale assolutamente originale.

Da quando vivo a Roma, sono tornato a Milano periodicamente per rivedere mia madre. «Vi abbiamo aspettato per nove mesi e da allora vi aspettiamo sempre», mi dice sul cancello di casa una signora, amica di mia madre a cui lei aveva confidato di attendermi ogni volta con grande intensità.

Abitavamo al quinto piano di una casa di periferia senza ascensore. Quando arrivavo all'inizio della scala sentivo, là in alto, il catenaccio della mia porta che si apriva.

La madre accoglie dentro di sé il seme dell'uomo e poi il figlio che nasce.

Se guardiamo alla configurazione anatomica della donna, scopriamo che il suo bacino è più grande di quello dell'uomo. Tutto in lei ci fa pensare che essa è chiamata ad accogliere una nuova vita.

Il maschio deposita un seme e se ne va. Può farlo un'infinità di volte: per lui quell'atto sembra non avere conseguenze. Per una donna, no. In lei quel seme, anche depositato una volta, può essere la fonte di una vita nuova. Per l'uomo è come una parola pronunciata. In lei la parola si fa carne. Non si limita ad ascoltare: deve accogliere e custodire.

L'accoglienza caratterizza dunque l'essere femminile. Esso è fatto di pazienza. Accetta di non avere tempi propri, non pone condizioni a ciò che nasce. È disponibile a tutti i cambiamenti che la vita nuova porterà. Una madre comincia a sentir vivere dentro di sé il figlio prima ancora che questi venga alla luce. È qualcosa di fisico in lei e, nello stesso tempo, non solamente fisico. È qualcosa che plasma la sua mente e i suoi sentimenti, che dal ventre sale fino al cuore e alla testa. La donna insegna perciò a ogni uomo la posizione autentica di fronte alla vita.

Alcuni popoli antichi, fra cui i Greci e i Romani, pensavano che all'origine del mondo ci fosse una donna, che la divinità originaria fosse una coppia feconda. Il Dio cristiano non è una donna, e neppure un uomo. Non porta in sé la differenza sessuale. Anche se è stato chiamato da Gesù "Padre" e in lui possiamo vedere tutte le caratteristiche dell'esperienza paterna, dai profeti è stato pure descritto attraverso le caratteristiche della maternità[7]. Se all'origine del mondo non c'è dunque una donna, vi è però l'esperienza originaria della generazione, dell'accoglienza e della custodia.

Come ogni dono, anche le caratteristiche della femminilità possono essere vissute male, stravolte. Conosciamo tutti madri invadenti, iperprotettive, addirittura dispotiche. Come accade al padre, tentato di fare il padrone, così anche la madre deve lasciare

---

[7] «Se nel linguaggio plasmato a partire dalla corporeità dell'uomo l'amore della madre appare inscritto nell'immagine di Dio, è tuttavia anche vero che Dio non viene mai qualificato né invocato come madre, sia nell'Antico che nel Nuovo Testamento. "Madre" nella Bibbia è un'immagine ma non un titolo di Dio», cfr. J. Ratzinger - Benedetto XVI, *Gesù di Nazaret*, Rizzoli, Milano 2007, 170.

che un figlio e una figlia partano, per correre sui loro mari la loro vita.

Forse per una madre tutto ciò è più difficile, data la visceralità del suo rapporto. Forse, invece, è più comprensibile. Chi più ama, è anche disposto a più grandi sacrifici. Scomparire eppure restare, ecco l'esaltante vicenda umana di ogni madre. Perché il padre possa accompagnare il figlio verso il suo protagonismo, occorre prima che questi sia accolto e custodito. Anche nella Chiesa è così: Maria è più importante di Pietro. Ella obbedisce a Pietro, ma nello stesso tempo indica a tutti quella vita nuova di cui Pietro è solo un servitore.

VII

IL MATRIMONIO

Nei capitoli precedenti ho raccolto alcune tracce nell'esperienza dell'uomo e della donna: il loro desiderio di comunione, di incontrare altre persone in cui compiersi, la tensione a stringere legami e assieme la paura che questo vada a scapito della loro libertà, la scoperta infine che solo nel dono di sé la nostra persona può trovare la sua pienezza. Ho poi registrato il desiderio di eternità presente in ogni amore, ma anche le difficoltà a vivere la fedeltà.

Troviamo tutti questi fili nella Bibbia, Antico e Nuovo Testamento. Essa non è soltanto un libro. È il racconto di un'esperienza vissuta, dell'alleanza tra Dio e gli uomini, realizzata attraverso la scelta di un popolo che si è aperto infine, in un suo piccolo resto, a una vocazione universale.

In questa alleanza, il matrimonio tra l'uomo e la donna ha una grande parte. Sia come immagine, come metafora che ci aiuta a entrare in ciò che Dio vuole realizzare, sia come realtà attraverso cui il Creatore porta a compimento il suo disegno.

La Sacra Scrittura si apre e si conclude proprio parlando del matrimonio. Inizia con il libro della Genesi, che ci parla della creazione dell'uomo e della donna, della prima famiglia (Gn 1-2). Si conclude con l'Apocalisse che rivela la Gerusalemme nuova, il mondo definitivo: *Vidi anche la città santa, la Gerusalemme nuova, scendere dal cielo, da Dio, pronta come una sposa, adorna per il suo sposo* (Ap 21,2).

La storia di Dio con l'uomo è ricchissima di temi matrimoniali, di figure di uomini e di donne che, in vario modo, nella loro fedeltà e infedeltà, nella felicità e nei fallimenti, hanno espresso e realizzato un passo del disegno di Dio sul mondo.

Saranno soprattutto i profeti a parlare dell'alleanza di Dio con gli uomini attraverso l'immagine di un amore coniugale esclusivo e fedele. Pensiamo a Ezechiele, Geremia, Osea (cfr. Ez 16,8-14; Ger 2,2; Os 2,21-22). Essi identificano il popolo d'Israele con una prostituta che Dio ha salvato dal male perché egli l'ama di un amore eterno.

Il matrimonio è dunque una realtà che Dio ha voluto e ha iscritto nella storia dell'uomo e della donna, ma è anche un simbolo di tutta quanta la storia, cioè dell'alleanza sponsale di Jahvè con l'umanità. Tutto ciò si è manifestato definitivamente nell'Incarnazione del Figlio di Dio, quando la natura divina si è congiunta con quella umana nella persona di Gesù di Nazareth e attraverso di lui, in un certo modo, con ogni uomo[1].

Nella persona di Gesù si è realizzata l'alleanza definitiva. Nella sua carne, che si apre sulla croce per accogliere tutti noi e che risorge per donarci la sua vita, si compie anche il nostro desiderio di comunione e di felicità.

Tale unione continua nella storia della Chiesa. La divina umanità di Gesù raggiunge gli uomini attraverso il sacramento del battesimo. Le due diverse vocazioni, della verginità e del matrimonio, nascono ambedue da esso ed esprimono in modo differente la storia dell'alleanza. La verginità rende visibile già nel tempo la condizione futura dell'uomo e della donna quando nel Cielo troverà in Dio ogni bene e ogni persona amata. Il matrimonio esprime il desiderio di Dio che la terra sia popolata e l'uomo e la donna trovino nel tempo un aiuto a loro adeguato. Per questo possiamo dire che nel sacramento del matrimonio, nell'unione dell'uomo e della donna, l'alleanza di Dio con l'umanità è espressa in modo efficace.

La creazione

Nei primi due capitoli del libro della Genesi troviamo due racconti della creazione, differenti perché espressione di diverse fonti, ma concordanti. Dopo aver creato in epoche diverse l'universo, dopo aver popolato di piante e di animali la terra e i mari, Dio crea l'uomo e successivamente la donna. In tale successione è nascosto

---

[1] Cfr. *Gaudium et spes*, n. 22.

un insegnamento profondo che va ben al di là del dato storico-scientifico di cui la Bibbia non si interessa. Dopo la creazione di Adamo, Dio lo aveva condotto a dare nome alle piante e agli animali. Egli li ha voluti in rapporto all'essere umano, come gloria della creazione e a servizio dell'uomo. In questo atto, mentre manifesta la superiorità dell'umanità su tutto il creato, rivela anche che animali e piante hanno un loro statuto di vita, una loro dignità che non può essere impunemente calpestata.

Pur nel godimento dello splendore della creazione, l'uomo avverte una solitudine profonda. È a questo punto che Dio crea la donna. Il grido di Adamo: *Questa volta è osso dalle mie ossa, carne dalla mia carne!* (Gn 2,23) rivela il suo stupore e la sua gioia di trovarsi di fronte finalmente un tu adeguato. Un altro io, diverso da lui eppure simile con cui instaurare un dialogo e da cui essere aiutato. L'uomo scopre di essere fatto per la donna e la donna per l'uomo. T. S. Eliot esprimerà questa dinamica originale quando, nel suo ultimo dramma teatrale, farà dire da una giovinetta al suo innamorato: «Ti ho amato dall'inizio del mondo / perché prima che io e te nascessimo, l'amore che ci ha uniti esisteva già»[2].

La solitudine radicale non è però del tutto vinta. Adamo ed Eva non possono essere l'uno padrone dell'altro, non possono identificarsi senza danno reciproco. C'è un terzo fra loro, Dio stesso, che è il fondamento del loro rapporto. Quando rinnegheranno Dio, cedendo alla tentazione del diavolo che, nella sua invidia, dice loro che si può fare a meno di Lui, anche il loro rapporto si incrinerà. Si accusano a vicenda. D'ora in poi la donna partorirà nel dolore, l'uomo lavorerà

---

[2] T. S. Eliot, *L'anziano statista,* in *Tutto il teatro*, Bompiani, Milano 1994, 565.

con fatica e soprattutto scopriranno di essere nudi. Nel paradiso terrestre la differenza sessuale che era pure motivo di attrattiva e fonte di piacere, non degenerava in una tentazione di possesso, di uso reciproco e infine di infedeltà. Dopo il peccato non sarà più così. Nasce la concupiscenza, cioè il desiderio disordinato tra l'uomo e la donna.

Ma la promessa di Dio non viene meno, il matrimonio rimane l'asse della storia del mondo, ma perde le sue caratteristiche fondamentali che ritroverà soltanto nella predicazione di Cristo.

Nel momento della creazione dell'uomo e della donna, Dio aveva detto: «Facciamo l'uomo a nostra immagine e somiglianza» (cfr. Gn 1,26). Questo plurale – *facciamo* – è stato inteso dai Padri della Chiesa come un accenno alla Trinità. Dio è una comunione di persone. Tutto ciò che esce dalle sue mani porta impresso il sigillo di tale realtà comunionale. In modo particolare nella differenza sessuale, nell'incontro corporeo e spirituale fra un uomo e una donna, si realizza tale vocazione all'unità che, per essere vera, non può mai cancellare il disegno del Creatore.

Nell'amore fra l'uomo e la donna abbiamo la rivelazione del tessuto stesso di tutto l'universo: la gratuità. A Dio non era necessario avere altro oltre a sé, eppure ha voluto il creato e, in esso, l'uomo e la donna. È un mistero di sovrabbondanza che è il segreto nascosto di ogni amore.

I beni del matrimonio

Nelle pagine della Genesi con cui inizia tutta la Scrittura, troviamo le finalità fondamentali del matrimonio. Adamo vuole un aiuto che gli sia conveniente, un'altra persona che lo accompagni verso il suo destino. Il nostro tempo è giustamente molto sensibile a questo lato soggettivo della vita matrimoniale. Il matrimonio è fondato anche sulla libera scelta della donna e dell'uomo, sul loro affetto, sui loro sentimenti. Però, quando scoprono di essere fatti l'uno per l'altra attraverso queste affinità elettive, il loro rapporto non può più essere abbandonato al fluttuare dei sentimenti.

Ma c'è anche un altro scopo che appare all'inizio della Bibbia. È la fecondità. Oggi questo bene del matrimonio è passato per molti in secondo piano. Eppure basta leggere con verità dentro le proprie esperienze per capire che non è così. Ogni vero amore vuole essere comunicativo, vuole aprirsi ad altri. Dio ha affidato all'unione fra l'uomo e la donna la continuità del suo stesso atto creativo.

«La grazia matrimoniale non si esaurisce nel giorno delle nozze, ma si estende a tutta la vita, ai figli, alla loro educazione, al loro matrimonio e quindi anche ai figli dei figli»[3].

Gesù

La storia d'Israele registra una continua iniziativa di Dio affinché il suo popolo purifichi il suo amore e ritorni all'esperienza del matrimonio unico e indissolubile, come era al principio.

---

[3] A. von Speyr, *Il Verbo si fa carne. Riflessioni sui capitoli 1-5 dal Vangelo di Giovanni*, Jaca Book, Milano 1982, 161.

Il nuovo inizio è stata la famiglia di Nazareth. Gesù non ha innanzitutto portato una dottrina sulla famiglia, ma una nuova realtà familiare. Era una piccola comunità di tre persone, completamente immersa nel contesto culturale e sociale di quel paese della Galilea. Viveva del lavoro del padre, il carpentiere, aiutato poi dal figlio, fino a quando questi non uscì di casa. Pregavano assieme tra le mura domestiche e nella sinagoga, si facevano compagnia, consapevoli l'uno della missione dell'altro. Custodivano nelle loro parole e nei loro silenzi il grande tesoro e il grande mistero di quel Figlio che Dio aveva dato loro da proteggere e far crescere.

L'umiltà di quel nucleo familiare non indica una purità inarrivabile. Piuttosto segnala una semplicità di ascolto di Dio, di carità, di speranza che tutti possiamo desiderare anche per le nostre famiglie.

Più volte nel corso della sua vita pubblica, Gesù è ritornato sul tema del matrimonio. Interrogato dai suoi discepoli, egli spiega loro che è venuto per riportare il mondo alla sua origine, per ristabilire il disegno originario, prima del peccato di Adamo ed Eva. In tale disegno era previsto, appunto, il legame unico e indissolubile fra l'uomo e la donna.

Anche san Paolo ha riflettuto su questo. Nella sua lettera ai cristiani di Efeso (cfr. Ef 5,25-32), troviamo parole fondamentali per comprendere cosa sia il matrimonio voluto da Gesù.

L'apostolo sta parlando della vita nuova nata dalla morte e risurrezione di Cristo, la vita di comunione. Le categorie sociologiche antiche vengono meno. La sottomissione della donna nei confronti dell'uomo vissuta nel mondo pagano, nel cristianesimo assume un significato completamente diverso. Diventa la relatività dell'uno all'altro, in quanto l'uno è per l'altro segno di Cristo. La sottomissione diventa amore. *Le mogli siano sottomesse ai mariti come al Signore... E voi, mariti, amate le vostre mogli, come Cristo ha amato la Chiesa* (Ef 5,22.25). Non c'è più differenza fra lo sposo, la sposa e la Chiesa. Per lo sposo e la sposa, l'altro è la visibilità del corpo di Cristo.

Il matrimonio nell'Antico e nel Nuovo Testamento non sono due matrimoni diversi. Quello cristiano è la realizzazione dell'inizio, del disegno di Dio prima del rifiuto di Adamo ed Eva. Per questo esso è indissolubile, perché partecipa della stessa fedeltà di Dio alla sua alleanza. Alla fedeltà di Dio è chiamata a rispondere la fedeltà dell'uomo, che la grazia di Dio suscita e rende possibile.

Assieme all'indissolubilità, l'altra caratteristica del matrimonio rivelata dalla Bibbia è l'unità. Oggi l'unità è un bene difficilmente compreso. Forse è stato così in tutti i tempi. Eppure se noi entriamo nell'esperienza dell'uomo e della donna, nell'esperienza dell'amore, scopriamo che non può essere che così. L'amore coniugale, ha scritto Giovanni Paolo II, «comporta una totalità in cui entrano tutte le componenti della persona, il richiamo del corpo e dell'istinto, la forza del sentimento e dell'affettività, l'aspirazione dello spirito e della volontà. Esso conduce a un'unità profondamente personale, quella che, al di là dell'unione in una sola carne, conduce a realizzare un cuor solo e un'anima sola»[4].

---

[4] Giovanni Paolo II, *Familiaris consortio*, n. 13.

Certamente il matrimonio è dono di Dio e dono di Dio è la vita matrimoniale. «Egli rimane con loro, dà loro la forza di seguirlo, di rialzarsi dopo le cadute, di perdonarsi vicendevolmente, di portare gli uni i pesi degli altri, di essere sottomessi gli uni agli altri nel timore di Cristo, di amarsi di un amore soprannaturale, delicato e fecondo»[5].

[5] *Catechismo della Chiesa Cattolica,* n. 1642.

VIII
LA PREGHIERA

La vita di una famiglia ha bisogno di molti aiuti. Necessita soprattutto di veri amici. A dire il vero, ha bisogno anche di aiuti dallo Stato e dalle comunità istituzionali (Comuni, Regioni...). Spesso il mondo politico è sordo di fronte a queste necessità. Non sovvenziona in modo adeguato la maternità, gli asili, le scuole, non aiuta le giovani famiglie a trovare casa. Ma è un discorso che riprenderemo più avanti.

La famiglia ha bisogno soprattutto dell'aiuto di Dio. È lui che l'ha pensata e voluta come strada normale per l'ingresso dell'uomo nel mondo. È lui che l'ha continuamente riscattata dalle sue cadute. È lui, infine, che le ha dato un volto definitivo con la predicazione e l'opera di Gesù di Nazareth.

Rivolgersi a Dio non è dunque un atto devoto, riservato ad alcuni individui dotati di particolari sentimenti, un atto opzionale magari utile in momenti di particolare difficoltà. È, all'opposto, un'azione che sgorga dal centro della vita familiare. È il gesto più ragionevole, perché scaturisce dall'esperienza della strutturale incapacità dell'uomo a farcela da solo.

Se le cose stanno così, è meglio non sposarsi (cfr. Mt 19,10). Era stata la conclusione realistica degli apostoli al discorso di Gesù sul matrimonio. Ma lui li aveva incalzati: *Questo è impossibile agli uomini, ma a Dio tutto è possibile* (Mt 19, 26).

Qualcuno potrebbe obiettare: ma Dio è allora soltanto un tappabuchi, colui che interviene a fare ciò che l'uomo non è capace di compiere? Perché, per semplificare le cose, non dà a noi tali energie, e tutto sarebbe risolto?

L'obiezione non è sciocca. Anzi, è molto utile per comprendere che il nostro bisogno, il nostro fallimento, è solo una porta, l'ingresso nella realtà dell'alleanza, attraverso cui noi ci rendiamo conto della debolezza della nostra natura umana. Una porta che va attraversata ogni giorno. Quando svuotiamo il sacchetto della nostra persona dalle false sicurezze che la abitano ed entriamo in una realistica umiltà, Dio lo riempie di sé e ci rende capaci di cose che prima non avremmo mai immaginato.

C'è tempo per pregare?

Una delle obiezioni più serie contro la preghiera è: non c'è tempo. Sembra che mille cose più urgenti ne ostacolino la nascita. Pregare viene sentito come una cosa astratta, antiquata, a cui si oppongono mille attrattive concrete, moderne, pratiche, affascinanti. Cinema, televisione, sport, cucina, riposo e poi lavoro, cura dei figli... Se le cose stessero veramente così, non ci sarebbe nulla da fare. La concorrenza non potrebbe essere vinta. Solo cominciando a pregare si capisce che la preghiera non è un concorrente, ma può essere l'anima e la misura di ogni azione.

Per cominciare a pregare occorre un po' di silenzio. Se non c'è silenzio dentro di noi, le parole che diciamo possono anche ripetere le orazioni più belle e più ispirate. Saranno sempre formule meccaniche e impersonali. Non si entra dunque nella preghiera senza una scelta, una scommessa sulle strade della propria felicità.

Mi ha scritto una mamma: «In famiglia, vivendo gomito a gomito, spesso comunichiamo solo istintività, reazioni immediate. Adesso, con i telefonini, anche quando il marito o i figli non sono fisicamente in casa, li raggiungiamo immediatamente, senza lasciar decantare in noi quelle reazioni che, affrontate al loro rientro, risulterebbero diverse perché ragionate, digerite, giudicate. Il silenzio non è una tecnica e neppure un esercizio da fare per vivere meglio. Da alcuni anni ho la fortuna di lavorare a casa. Mi alzo, sveglio ai rispettivi orari i vari figli, e mentre preparo la loro colazione faccio mezz'ora, tre quarti d'ora di silenzio. Leggo dei testi. Non ho bisogno di chiudermi in una stanzetta. Leggo sul tavolo della cucina, mentre accendo un caffé, preparo un toast, scaldo il latte. Intanto i figli si alternano al tavolo, a seconda dei loro orari. Li guardo uscire di casa per la loro giornata con lo sguardo corretto e indirizzato da ciò che sto leggendo. Passare così la prima ora della giornata mi dà l'energia per affrontare la pila dei panni sporchi, la cucina da rigovernare, la spesa... senza troppe recriminazioni e lamentele. Per i figli credo sia molto importante vedere che la mamma "sta in piedi" non perché è super-dotata, ma perché chiede a un Altro la forza».

Come cominciare

Non è impossibile trovare dieci minuti al mattino e dieci minuti la sera per pregare assieme. Si può cominciare con le parole che la maggior parte di noi ha imparato quando era piccolo: il *Padre nostro*, l'*Ave Maria* e il *Gloria*. *Non moltiplicate le parole* (cfr. Mt 6,7). Dio non deve essere convinto. Conosce ciò di cui abbiamo bisogno. Siamo noi che, attraverso la preghiera, prendiamo coscienza delle necessità più profonde della nostra giornata.

Alcuni minuti possono dunque essere dedicati alle domande che ci sono messe sulla bocca dalla tradizione della Chiesa. Il resto del tempo può fiorire in piccole invocazioni personalizzate: «Aiutaci Signore per questa necessità di oggi, soccorri la tale persona malata, bisognosa...». Anche le notizie del giornale possono entrare nella preghiera. In questo modo partecipiamo della vita di tutto il mondo e diventiamo protagonisti e non solo spettatori curiosi della storia.

Fare il segno della croce prima dei pasti collega quel momento, così importante per una famiglia, con tutta la storia. Lo scrittore russo Andrej Sinjavskij durante gli anni del Samizdat rivelava la grande sapienza del contadino attraverso il semplice gesto della preghiera: «Prima di impugnare il cucchiaio, il contadino cominciava col farsi il segno della croce e con questo solo gesto riflesso si legava alla terra e al cielo, al passato e al futuro»[1]. A proposito, sappiamo quanto sia importante che una volta al giorno tutta la famiglia possa ritrovarsi attorno al

---

[1] A. Sinjavskij, *Pensieri improvvisi*, Jaca Book, Milano 1967, 51.

tavolo per condividere, assieme al cibo, anche gli avvenimenti della giornata?

Oggi spesso la televisione accesa uccide il nostro ritrovarci per il pranzo o la cena. Vivere è scegliere. Se si riconosce quale importanza può avere la comunicazione a tavola, perché non avere il coraggio di spegnere il televisore?

Ci sono preghiere che la Chiesa mette ogni giorno nel tempo di orazione dei preti, ma che sarebbero un grande aiuto per tutti. Sono i Salmi, parole sgorgate dalle labbra di Israeliti lungo i secoli prima di Cristo, nelle più diverse circostanze della vita. Parole che risuonano attualissime anche oggi, con cui Dio ha parlato all'uomo e l'uomo ha parlato a Dio con una varietà di accenti, di toni, di argomenti che fanno vibrare il cuore e la mente. Anche pochi versetti al giorno arricchirebbero il nostro dialogo con Dio e con gli uomini.

Sono più numerose di quanto pensiamo le famiglie in cui uno dei due coniugi prega e l'altro no. Mi scrive infatti una signora: «Questa è anche la mia situazione. Fino a dieci anni fa vivevo tutto ciò come una spaccatura. Non mi sentivo libera nemmeno di comunicare ai miei figli ciò che era vero per me. Richiudevo sempre più nel profondo del mio cuore la mia fede. Un giorno un prete mi ha detto: "Tuo marito sarà salvato dalla tua fede". Non capivo cosa volesse dire con quella frase, anzi, la sentivo ingiusta. Poi ho conosciuto una ragazza che consigliava alla madre di lasciare il padre perché era un ubriacone e la tradiva con altre donne. Quella donna rispondeva alla figlia: "Se io lo lascio, chi pregherà per lui?". Questa frase paradossale mi ha rivelato il valore del nostro matrimonio: la forza della preghiera, la pace che riempie il cuore quando ci si affida a Dio».

Eucaristia e confessione

Imparare ad amare, imparare a perdonare. Penso siano due strade essenziali da percorrere affinché una vita familiare abbia futuro. Per questo Dio ha voluto due fondamentali appuntamenti: l'eucaristia domenicale e la confessione.

Nell'eucaristia è Dio stesso che, attraverso il pane e il vino, diventa nostro cibo e alimenta la nostra esistenza. A poco a poco entra in noi una diversa capacità di guardare, di giudicare, di accogliere, di perdonare. Non tutto cambia magicamente, ma un tessuto di novità penetra nelle nostre giornate.

Allo stesso modo la confessione: la nostra vita è segnata dal male che facciamo contro Dio, contro gli uomini, contro noi stessi. Il peso delle colpe commesse, le conseguenze di tali atti, gravano su di noi e oscurano anche la vita sociale. Attraverso la confessione Dio ci riporta, ogni volta, alla freschezza dell'origine, come se stessimo uscendo allora dalle sue mani.

La famiglia ha bisogno di molti aiuti. Proprio la preghiera ci fa scoprire che una piccola comunità che si chiude in se stessa rischia gravemente di soccombere. Niente è più lontano dal vero di una famiglia che pensa di essere autosufficiente, che non rende partecipe nessuno delle proprie scoperte e difficoltà. Al contrario, condividere con altri nella propria comunità parrocchiale, in un movimento, o semplicemente con gli amici, i passi della propria esperienza familiare è un sostegno decisivo.

Dalla preghiera, dall'eucaristia, dalla confessione, nasce l'amicizia con altri uomini e donne, un bene prezioso che rende più agevole l'unità familiare.

IX

I FALLIMENTI

Nella vita ci possono essere i fallimenti. E non solo quelli economici. È bene saperlo, per non essere impreparati. Anche l'unità di una famiglia può essere messa in crisi da mille ragioni, da mille esperienze. Consideriamole *prove*.

Una luce positiva sulle difficoltà

Una *prova* solitamente mette in evidenza ciò che una persona veramente cerca. In un rapporto a due (amici, amanti, sposi...) può accadere qualcosa che rivela una crisi di quel legame: se i due vivono una profonda stima e affetto reciproco, se sono legati da ideali forti, quella difficoltà li spingerà a cercare ragioni più profonde della loro unità, finirà per arricchire il loro rapporto.

Ritengo che non sia mai a sufficienza sottolineata l'importanza di aprire il nostro sguardo e il nostro cuore a una visione positiva dell'esistenza: non per un buonismo superficiale, ma nella considerazione dei doni che abbiamo ricevuto da Dio. Da lui abbiamo avuto dei talenti da trafficare. Ritornare alla sorpresa del nostro essere al mondo è cosa buona per tutti. Altrettanto importante è uno sguardo positivo sull'altro. Quando invece la precomprensione dell'altro è negativa, le prove, le difficoltà diventeranno vere e proprie ragioni per lasciarlo.

Questa riflessione va naturalmente letta nel contesto preciso di una determinata situazione. Ci sono rapporti che è giusto, doveroso, interrompere e alcune difficoltà possono essere proprio il segno di quella necessità di lasciarsi cui accennavo.

Ma quando è stato preso un impegno *per sempre*, occorre aiutarsi a trovare le strade per superare ciò che è difficile, per trasformare ciò che allontanerebbe in un'opportunità per conoscere meglio l'altra persona, per comprenderla di più, per aiutarla, se necessario, a cambiare.

Mi ha scritto un amico: «È fondamentale che si sia fedeli alla preghiera insieme, anche breve, che non la si abbandoni mai, specialmente quando ci si trova a essere nel letto schiena contro schiena con un muro in mezzo, quando pregare insieme è impedito da un ostacolo che sembra insormontabile. Pregare insieme, all'opposto, apre la possibilità che il rancore, le cupezze, le incomprensioni, lo scandalo del limite, gli sbagli, non siano l'ultima parola; la preghiera introduce la possibilità del perdono».

Quando vengono a parlarmi uomini o donne che stanno decidendo di abbandonare il marito o la moglie, ricordo loro alcune verità essenziali.

La prima: non si può pensare di costruire un futuro di felicità, o anche solo di serenità, cancellando il passato. Soprattutto quando quel passato è il luogo di impegni presi davanti a Dio e agli uomini. Esso non è una condanna. Forse è innanzitutto un invito a perdonare.

La seconda: non possiamo pensare alla nostra felicità scorporandola da quella degli altri. Quando, per esempio, ci sono dei figli, non bisogna mai dimenticare il loro diritto a crescere aiutati dal padre e dalla madre che li hanno messi al mondo. Se non si amano più, almeno non si mordano a vicenda davanti a loro.

Manzoni, nei suoi *Promessi Sposi*, raccontando la storia che tutti conosciamo della monaca di Monza, una ragazza costretta dal padre a entrare in clausura, giustamente annota: «È una delle facoltà singolari e incomunicabili della religione cristiana, il poter indirizzare e consolare chiunque, in qualsivoglia congiuntura, a qualsivoglia termine [...]. Se al passato c'è rimedio, essa lo prescrive [...]; se non c'è, essa dà il modo di far realmente [...] di necessità virtù»[1].

Ripensando alla sua vita passata, un mio conoscente mi ha mandato questo contributo: «Quando mia moglie mi ha dichiarato "guerra" mi sono sentito cadere il mondo addosso. Era il crollo di una sicurezza e ancor di più un'umiliazione. Ho cercato chi potesse aiutarmi a vedere. Ho trovato un prete che non ha ritenuto di consigliarci degli psicologi, ma ha aiutato ciascuno di noi due a stare davanti al Signore e a ricapire cosa fosse per noi il matrimonio. Abbiamo così compreso che la nostra unione non trovava la sua forza in una somma di motivi per stare insieme. Essa era la strada attraverso cui Dio ci educava».

---

[1] A. Manzoni, *I Promessi Sposi*, X.

Dio e il male

Alcuni potranno dirmi: «E quando accade la morte di uno dei genitori, non succede ugualmente che i figli sono abbandonati?». Dovremmo avere allora il coraggio di attribuire a Dio la responsabilità di certi drammi. Si apre qui un grande tema: il rapporto tra Dio e il male. È forse la questione più grave che possa essere posta a un uomo. Proprio dal tentativo di trovare una risposta a essa nascono, a mio parere, la filosofia e la letteratura. Quello che posso dire qui è che Dio, proprio perché è il nostro Creatore, ha una visione del nostro bene che non possiamo sondare fino in fondo. Possiamo conoscere le linee generali della sua azione, perché lui stesso ce le ha rivelate, ma non sempre quelle particolari. Queste le conosciamo a poco a poco, non senza difficoltà. Molto rimane oscuro.

Tutto ciò deve, fra l'altro, renderci molto attenti nei giudizi sugli uomini. Il mondo borghese, che divideva gli uomini in buoni e cattivi a seconda della loro obbedienza o meno a delle regole fissate, costituisce quanto di più lontano dal cristianesimo si possa immaginare.

Non giudicare (cfr. Mt 7,1) rimane sempre un comandamento fondamentale. Tutto ciò non significa agnosticismo o relativismo, ma un doveroso fermarsi di fronte al sacrario della coscienza dell'altra persona.

E quando divisioni e divorzi sono già avvenuti? Quando, magari per la presenza di nuovi figli, non è più possibile tornare indietro? Occorre non annegare in una visione negativa, fallimentare dell'esistenza. È meglio guardare avanti, nell'umiltà che nasce dalla considerazione della propria umanità debole e ferita. L'umiltà ci spinge a chiedere a Dio un aiuto moltiplicato, ci porta a purificare nel perdono lo sguardo sul passato, a dare testimonianza di bene ai figli, a seminare con opere di carità la nostra esistenza.

X

FECONDITÀ DELLA FAMIGLIA

Per alcuni studiosi, che predicano la teoria secondo la quale tutti i mali del mondo vengono dalla sovrappopolazione, il calo delle nascite, in Europa, è una benedizione. Tanto, si dice, i figli che mancano verranno rimpiazzati da nuovi popoli. Di fatto la diminuzione delle nascite è il più grande ostacolo alla ri-nascita del nostro Occidente e la premessa sicura al suo tramonto. Chi è convinto che l'Occidente e la sua storia (da Abramo, Mosè, Omero, Socrate, Platone, Aristotele, Gesù, fino a Giotto, Michelangelo, Galilei, Verdi, Einstein...) costituiscano un bene per tutto il mondo, non può che chiedersi: da dove nasce la crisi demografica? Quali fattori hanno contribuito a questo stato presente che dovrebbe rattristare ogni abitante delle nostre nazioni?

È curioso: si lotta per la difesa delle specie animali in pericolo di estinzione, si scrivono articoli per denunciare la sparizione delle lingue (alcune delle quali parlate da trenta o cinquanta persone), ma non si fa nulla per evitare, o almeno combattere, la sparizione dell'Europa e della sua tradizione dal volto del mondo.

Qual è l'origine di questo blocco di fronte alla prospettiva di mettere al mondo dei figli? La causa non può essere solo la povertà. La ricchezza è proporzionalmente aumentata e, certo, meglio distribuita che nell'Ottocento e nella prima metà del Novecento. Non può essere la sicurezza del parto, che è notevolmente cresciuta. Altri sono i fattori: il desiderio della donna di avere un lavoro autonomo, indipendente, che sarebbe insidiato dalla nascita dei figli, in assenza di leggi efficaci a favore della maternità; il desiderio di offrire al figlio prospettive agiate di vita, i costi preventivati dei futuri studi, l'accresciuta incertezza di un posto di lavoro.

Ma questo basta a spiegare le riduzioni delle nascite? Certo, occorre pensare anche alla maggiore possibilità di pianificarle, alla crescita degli aborti, alla fragilità delle unioni matrimoniali che non hanno prospettive di futuro.

Mentre i figli, in passato, sono stati spesso un aiuto all'unità delle famiglie e alla loro crescita, uno stimolo ad affrontare positivamente le difficoltà, oggi sembrano un peso.

A mio parere, la causa più profonda e più difficile da superare è la paura. Paura del presente e del futuro. Paura di non saper educare, di non saper accompagnare i figli verso il loro domani; di perdere il tempo libero per sé, per il proprio relax e la propria comodità.

Una rivoluzione antropologica

È avvenuta dunque una vera e propria rivoluzione antropologica che non può essere affrontata se non andando a riscoprire l'esperienza originaria che si oppone alla paura. Essa non è il coraggio, ma più esattamente la speranza. E ogni speranza nasce da una fede. Non necessariamente da una fede soprannaturale, ma almeno da una fede vera, radicata negli strati più profondi dell'io.

Oggi molti uomini e donne non desiderano un figlio perché non hanno prospettive dignitose per farlo crescere. Non hanno denaro a sufficienza, non hanno una casa adeguata, un lavoro sicuro. Un tempo, lo accennavo sopra, si guardava con più coraggio a tutti questi fattori. Bastava che lavorasse uno in famiglia. In casa c'era sempre posto per il nuovo arrivato. Oggi si è entrati in una visione diversa dell'esistenza, che privilegia altri valori. In questo senso l'uomo ha camminato in avanti, ma la ricerca del benessere talvolta ha ucciso il coraggio.

Altri non vogliono figli perché non stimano la vita. Invece che un dono, la vedono come una serie di prove e di difficoltà. Perché mettere al mondo altri esseri destinati all'infelicità?

Proprio questo è, a mio parere, il livello in cui l'uomo è chiamato a rinascere: nella considerazione dell'esistenza, nello sguardo sulla vita quotidiana.

Chi vede tutto nero è spesso un uomo solo. Non ha amici, non crede possibile averne, pensa che all'origine di tutto ci sia il caso, non un Padre provvidente. Oppure che questo Padre dorma, disinteressandosi degli uomini.

Come non avvertire in noi la parte di ragioni istintive che stanno dietro a questa posizione?

Torniamo così ancora al tema del male che abbiamo incrociato poche pagine fa. Il mondo è governato interamente dal Principe del male? Tutto ciò che in me, come in tanti altri uomini e donne, è aspirazione verso il bene, è capacità di sacrificio, è scoperta della positività delle cose... mi parla invece di un Signore buono che guida la storia. Proprio perché buono, non vuole imporsi all'uomo, ha sommo rispetto per la sua libertà, accetta di essere rifiutato e misconosciuto.

Dall'esperienza (malata) della libertà come rifiuto del bene, vengono tanti mali alla terra e alle persone.

Perché nasca un nuovo atteggiamento verso la vita è necessaria dunque un'educazione della libertà.

I passi della libertà

Vediamo ora i passi di tale educazione.

Il primo: educare lo sguardo, il cuore e la mente, a guardare e riconoscere la luce, la positività. Viviamo nell'epoca della depressione. La cupezza degli orizzonti sembra dominare le giornate. Non bisogna permettere che una considerazione negativa metta definitivamente radici dentro di noi.

Il secondo: lasciamoci prendere per mano da chi ci ama e lasciamoci condurre a incontrare le esperienze positive. Ci insegnano che vivere è possibile.

L'anticamera della paura, che ci può bloccare di fronte alla vita e alle sue scelte, è la solitudine. Concepirsi soli, sentirsi soli. A poco a poco tutto ci piomba addosso come una montagna che non riusciremo mai a scalare.

Cerchiamo allora amici disinteressati, quelli veri che hanno a cuore la nostra serenità e la nostra letizia. Gli amici che restano anche nelle difficoltà, che non hanno paura di riportarci sempre alla realtà. Quella realtà che custodisce in ogni occasione almeno un raggio di luce.

Il terzo: chiedere a Dio l'aiuto. Don Calabria, un santo del Novecento che ha creato grandi opere per i poveri, i malati, gli abbandonati e fu, alla fine della vita, lui stesso drammaticamente malato, diceva: «La preghiera è l'onnipotenza dell'uomo e la debolezza di Dio»[1]. Attraverso la domanda e l'affidamento a colui che ci ha creati, usciamo dall'angoscia che ci prende quando pensiamo di dover sciogliere noi tutti i nodi del mondo. Avere un figlio, avere un altro figlio, può essere un'opportunità che, assieme a sacrifici necessari, porterà tanti doni alla vita dei genitori.

Porterà, per esempio, un senso di grande utilità verso il mondo, la coscienza del futuro come speranza di non morire nel nulla, lo stupore di fronte a una vita che cresce, che muta nel tempo e che, per venire alla luce, ha avuto bisogno di noi... Avere dei figli è un dono, una risorsa che, se vissuta bene, può dare illuminazione a un'intera esistenza. «Essere due significa, a lungo andare, morte. Un'eterna contrapposizione di un uno e un uno conduce alla fine a un esaurimento dell'amore. Per mantenere vivo l'amore tra due ci vuole sempre un terzo, che travalica i due che si amano. Ci vuole un compito che li riempie, una fonte che alimenta il loro amore, un interesse comune, un qualcosa che stimola, che fa progredire, che spezza il cerchio, che fornisce l'occasione per un eterno rinno-

[1] Questa frase non è purtroppo rintracciabile in nessuno degli scritti di don Calabria, come mi è stato riferito dal superiore generale dell'Istituto da lui fondato.

vamento dell'amore. Qualcosa che tocca ambedue e che mantiene così vivo il loro rapporto»[2].

La contraccezione

C'è stato un tempo, gli anni Sessanta del secolo scorso, in cui sembrava che l'unica barriera tra gli uomini e la Chiesa cattolica fosse la contraccezione.

Se il Papa (allora era Paolo VI) avesse detto: «Sì alla pillola», le giovani coppie sarebbero entrate in massa nell'ovile di Pietro. È una caricatura, ma non lontana dagli articoli di giornale di quell'epoca. Papa Montini prese sulle sue spalle il difficile compito di rispondere al quesito: è un bene per l'uomo e la donna sposati regolare artificialmente le nascite? In altre parole: è un bene dividere fecondità e sessualità? Non si rischierebbe di banalizzare quest'ultima, riducendo l'atto sessuale a un gioco che procura piacere e il partner a un oggetto?

La Chiesa sa che l'uomo è segnato da un'infermità radicale, che fa il male che non vorrebbe, che è premuto da mille problemi e difficoltà. Propone un bene alto, non impossibile con l'aiuto di Dio, ma non condanna nessuno, non chiude la porta. Indica una tensione, ma anche reca il perdono di Cristo, verso una nuova tappa della vita. Alla fine, Paolo VI nell'*Humanæ vitæ* disse il "no", suo e della Chiesa, alla regolazione artificiale. A molti, anche nella Chiesa, anche tra i preti, quella decisione del 1968 sembrò disu-

[2] A. von Speyr, *Il Verbo si fa carne...*, *op. cit.*, 23.

mana. «La Chiesa non sa più capire l'uomo, scava un fossato tra sé e il mondo». La frase si sarebbe ripetuta nei decenni successivi in altre occasioni: divorzio, aborto, ricerca sugli embrioni, unioni omosessuali, eutanasia…

Ogni nuovo grido d'allarme della Chiesa era interpretato come una chiusura. Le questioni accennate sono ben differenti (anche se accomunate dalla categoria: diritti dell'individuo) e vanno considerate distintamente. Qui limitiamoci a una parola sulla pillola e sulle altre forme di contraccezione.

L'*Humanæ vitæ* non ha fermato la diffusione del *birth control.* Anzi, le grandi centrali mondiali della finanza hanno sempre più legato i propri aiuti alle politiche della riduzione delle nascite: contraccezione e aborto. La Chiesa è rimasta una voce solitaria. Inascoltata? Inefficace? Inutile?

Non è inutile un richiamo alla vera dignità dell'uomo e della donna, anzi è necessario. Quando il rapporto sessuale perde completamente dal suo orizzonte l'apertura alla fecondità finisce per ridurre l'altro a essere un puro oggetto. La Chiesa non vuole assolutamente negare il piacere dell'atto unitivo dell'uomo e della donna e tanto meno dimenticare che esso si iscrive in un dialogo di amore tra i due che non può ridursi al fare figli. Questo sarebbe innaturale e la natura stessa lo esclude. Ma l'apertura alla fecondità è connaturata alla gratuità dell'amore. Si può sbagliare mille volte, ma la considerazione di quale sia la pienezza dell'amore nell'unione sessuale permette all'uomo e alla donna di riscattarsi da una visione chiusa della propria avventura matrimoniale.

Molte coppie cristiane, a seguito della *Humanæ vitæ*, hanno scoperto i metodi naturali di controllo delle nascite. Mi ha scritto una di loro: «L'esperienza che sto vivendo scegliendo i metodi naturali mi dona una grande pace. Mette in ordine i rapporti tra me e mio marito. È come se la Chiesa ci suggerisse e ci donasse un grande strumento per vivere con pienezza la nostra unione coniugale. Non toglie la fatica, l'impegno, la responsabilità. Al contrario, richiede un lavoro concreto e quotidiano. È un modo molto semplice, ma al tempo stesso profondo, per costruire il nostro matrimonio».

L'aborto

Nella mia lunga vita di sacerdote ho incontrato e ascoltato tante donne che avevano abortito. Nessuna, anche a distanza di molti anni, si era liberata di quel peso. Ricordo una novantenne ancora profondamente segnata da una lontanissima memoria.

Per l'uomo è più facile cercare di dimenticare. Per la donna è impossibile. È profondamente delittuoso aver favorito la politica abortiva, con finanziamenti massicci. Si è così creata una mentalità tragica che fa dell'aborto una delle tante pratiche anticoncezionali.

Nelle persone determinate da questa mentalità, che ricorrono all'aborto non per disperazione, ma perché in loro si è cancellato il valore della vita nascosta nel seno della donna, ogni valore tende a scomparire, in un grande misconoscimento che vuole giustificare il male.

La pratica abortiva non è così soltanto un male in sé («abominevole delitto»[3] l'ha chiamata il Concilio Vaticano II), ma è una

---

[3] Cfr. *Gaudium et spes*, n. 51.

fonte che genera altri mali. Quando si uccide nel cuore dell'uomo l'intangibilità della vita, tanti altri beni vengono cancellati: il rispetto dell'altro, la lotta per superare in noi la violenza e l'ira, la volontà per vincere le tentazioni della guerra e della sopraffazione.

La miseria e l'assenza di alloggi sono cause che dovrebbero essere affrontate da governi che hanno a cuore i propri popoli e non solo la propria potenza. Allo stesso modo dovrebbe anche essere combattuta la banalizzazione del sesso e la pornografia diffusa dalle televisioni e da Internet. Sono origini diverse della stessa epidemia degli aborti.

La madre, ogni madre, deve avere la certezza che la sua creatura potrà essere accolta. Molto si può fare con le politiche di sostegno della famiglia, con la difesa del posto di lavoro, con la creazione di alloggi per le coppie disagiate, con l'adozione.

XI

IL RISCHIO EDUCATIVO

Il rischio educativo[1] è l'unica opera che don Giussani abbia interamente scritto. Tutte le altre sono elaborazioni dei suoi efficacissimi interventi orali. Quel libro riveste perciò una particolare importanza e rivela la cifra intera della vita del fondatore di Comunione e Liberazione. Desidero lasciarmi guidare da quelle pagine, che rimarranno sullo sfondo di questo mio scritto.

Lungi dall'essere un'esaltazione della pura operosità umana affidata alle sue sole forze, l'educazione è il campo di lavoro dell'uomo in cui egli è più simile a Dio, tanto da aver sommamente bisogno del suo aiuto. Un padre e una madre che contano solo su se stessi nel rapporto con i loro figli sono purtroppo destinati a giorni difficili. Non è un'osservazione marginale. Infatti, educare non vuol dire trasmettere un bagaglio di nozioni o un insieme di regole, né, tantomeno, riferire a sé, con legami affettivi o intellettuali, la

[1] Cfr. L. Giussani, *Il rischio educativo*, Rizzoli, Milano 2005.

persona che si vuole aiutare a crescere. Educare, per un uomo o una donna, equivale a prendere per mano il proprio bambino per portarlo a incontrare le cose.

Giocare con i figli

Poter assistere, durante il primo e il secondo anno di vita di un piccolo, al suo iniziale tu per tu con le cose, è una delle esperienze più affascinanti che sia data a un uomo di vivere. Io l'ho vissuta con i miei nipoti, tanti anni fa. Ma non l'ho più dimenticata. L'incontro con l'altro da sé costituisce l'esperienza originaria del bambino. Per lui non ci sono persone o cose: tutto è animato. Lo hanno capito bene gli autori delle fiabe, da Esopo a Fedro, fino ai fratelli Grimm, a H. C. Andersen: lo ha capito quel bambino grande che è stato Walt Disney. Oggi la Pixar ripropone lo stesso incanto. Tutto ha un nome, il cane come la bambola, il gatto come un'automobilina. Occorre dunque accompagnare i nostri piccoli a scoprire, a togliere il velo che nasconde la realtà ai loro occhi. In questo modo la riscopriamo anche noi. Giocare con i nostri figli, raccontare o leggere loro le favole, fare passeggiate nei boschi, gite al lago o al mare. Passare del tempo con loro. Ecco il fondamento della crescita. Chesterton raccontava come uno dei più importanti tesori di tutta la sua esistenza fosse stato che suo padre amava sedersi e giocare con lui da bambino. Per tutta la vita lo scrittore inglese avrebbe ricordato suo padre costruire per lui teatrini di carta e altri giocattoli. Quel semplice gesto d'amore e attenzione si sarebbe impresso nella sua coscienza come una delle prime e decisive testimonianze dell'esistenza e della natura di Dio stesso[2].

Quando questo itinerario educativo può avvenire? Quando noi adulti siamo i primi a essere interessati alla scoperta della realtà. I piccoli, senza volerlo, ci mettono benevolmente in crisi, ci obbligano a scoprire i nostri interessi, le nostre stanchezze e delusioni. Mettono alla prova le nostre speranze. Se abbiamo rinunciato a vivere, se non ci aspettiamo più nulla dall'esistenza, condurre i piccoli a scoprire la vita potrà essere una ferita insopportabile. O una strada per rinascere.

Educare è un viaggio

L'educazione non avviene mai solo fra due, ma sempre almeno fra tre: da una parte il padre o la madre, l'amico o il maestro, dall'altra colui che attende di essere aiutato a crescere. Ma davanti a loro c'è sempre qualcosa che li precede, a cui sono rivolte le loro domande. Non si tratta dunque di travasare il proprio io (idee, esperienze, convincimenti...) nella testa e nel cuore dell'altro, quanto di chiamare l'altro a incontrare una terza presenza che c'è tra noi. Fosse pure un albero, una stella, una poesia, un uomo.

Educare è un viaggio. E ogni viaggio ha bisogno di una direzione, di un senso. Qual è il senso del viaggio che è la vita umana? Se non si cerca di rispondere a questa domanda, non si può accompagnare nessuno.

---

[2] Cfr. M. Ward, *Gilbert Keith Chesterton..., op. cit.*, 46.

«Di cosa hanno veramente bisogno i ragazzi per crescere?» si è chiesta di recente Susanna Tamaro. E ha risposto: «Di accoglienza e di fermezza. Hanno bisogno di un femminile materno, capace di accogliere, di proteggere e di dare stabilità, e di un maschile paterno, in grado di guidare e di correggere, di indicare una strada da percorrere. [...] Il vivente, per crescere, ha bisogno della stabilità di un terreno e di una direzione verso cui andare»[3].

Dopo gli anni dei primi incontri, vengono per i bambini gli anni dei "perché". Non c'è niente di cui sorridere e tanto meno per cui spazientirsi. I "perché" dei piccoli sono un segno dell'ansia metafisica dell'uomo. Guai agli esseri umani che non hanno più "perché". Vuol dire che in loro si è spenta quella giovinezza che rende bella ogni età della vita. Solo se noi grandi abbiamo accettato di ricevere le risposte alle domande fondamentali, possiamo sostenere chi si trova smarrito di fronte a esse o chi, per l'età, non è ancora in grado di rispondere.

Quello che ci è chiesto ci obbliga a riscoprire ciò che a nostra volta abbiamo ricevuto. Nessuno di noi nasce dal nulla. L'uomo viene alla luce sempre dentro una tradizione. Parla una lingua, si sente, a poco a poco, parte di una certa storia, sente familiare una visione della vita, quella che gli trasmettono i suoi genitori. Non dico che dovrà mantenerla per tutta l'esistenza, ma non potrà evitare, se vuole crescere, di fare i conti con essa.

Anche i genitori che pensano sia bene non trasmettere ai piccoli nessuna *Weltanschauung*, finiscono per comunicare loro il dogma

---

[3] S. Tamaro, *Padri e figli, il grande abbandono*, in «Corriere della Sera», 30 agosto 2010, 35.

del relativismo che lascia colui che cresce in balia del potere e delle mode. «Do ai miei figli da mangiare, un tetto, una scuola ma si farà lui un'idea del mondo». Chi ragiona così nega al bambino che cresce ciò di cui ha più bisogno per vivere. Aiutiamo piuttosto i nostri figli a rispondere alle domande che vengono dal loro cuore alla loro mente attraverso gli incontri che fanno e aiutiamoli a scoprire quella voce che c'è nella loro vita. Spieghiamo che si possono chiamare le cose con il loro nome e che si può dire male a ciò che è male e bene a ciò che è bene, che si può ascoltare con frutto la voce della coscienza che ci parla del giusto e dell'ingiusto, del buono e del cattivo. Me lo ha fatto venire alla mente un padre che mi ha scritto: «Lo vedo nei miei figli: attendono dal papà un'indicazione su cosa è vero o no, su cosa è giusto o no». Aiuteremo così i nostri ragazzi a vedere che la vita è anche una lotta, che occorre sacrificarsi e combattere. Non tutto ci è dato senza impegnarsi per ottenerlo.

I nostri figli non hanno bisogno innanzitutto di ben-essere, ma di essere, cioè di affetti, di correzioni, di indicazioni di strada. Anche di divieti, purché spiegati nelle loro ragioni.

I figli lasciano la casa

I figli nascono per lasciare la casa. C'è un esempio bellissimo di don Giussani a questo proposito: «Una donna veniva regolarmente a confessarsi. Per qualche tempo non l'ho più vista, e quando è ritornata mi dice: "Ho avuto una seconda bambina"; e, senza che io le dicessi niente, aggiunge: "Sapesse, che impressione! Appena mi sono accorta che si era staccata, non ho pensato se era un maschio o una femmina, se stava bene o male; ma la prima idea che mi è venuta è stata questa: 'Ecco, comincia ad andarsene!'"»[4].

Lasciare i genitori, i fratelli, la casa, è un processo che comincia da molto lontano. Certamente dall'adolescenza, quando mettiamo in discussione ciò che abbiamo ricevuto, per farci un'idea "nostra" delle cose e della vita. È un periodo di crisi, in cui il ragazzo si chiede, non sempre in modo cosciente, se quella che gli è stata insegnata è una strada valida per raggiungere la sua statura adulta.

Non è facile capire e tanto meno intercettare i giovani in questo periodo della loro ricerca. Tanto superati e vecchi sembrano i genitori, tanto ribelli e strani sembrano i ragazzi a quelli di casa. È sempre stato così. Mark Twain ironizzava sulla sua insofferenza adolescenziale: «A quattordici anni mio padre mi sembrava un idiota. A ventuno mi sono stupito di quante cose avesse imparato nel frattempo»[5].

Oggi forse il distacco tra generazioni è ancora più grave e l'incomunicabilità maggiore. Ma la responsabilità più grande è di noi adulti. I genitori rinunciano presto a parlare con i loro figli o, all'opposto, cercando di legarli a sé, concedono loro tutto e danno sempre ragione ai ragazzi, anche quando non l'hanno. «Sono andato a comprarmi un tappeto da distendere in camera da letto dei miei. Non vogliono che faccia l'amore con la mia ragazza sul loro letto matrimoniale», mi rivelò un mio scolaro di liceo quarant'anni fa.

---

[4] L. Giussani, *Il senso religioso. Volume primo del PerCorso*, Rizzoli, Milano 1997, 147.

[5] Aforisma attribuito a M. Twain, cit. in «The Reader's Digest», settembre 1937.

Non ci sono ricette, né regole. Non c'è certezza di riuscita di fronte a quell'immenso segreto che è la libertà dell'altro. Si può però mostrare ai figli che il nostro scopo non è di imporre delle regole per sentirci sicuri, per disinteressarci di loro. Vogliamo rischiare, lottare per aiutarli sulla strada verso la felicità. *Siamo sempre pronti a dare ragione della speranza che è in noi* (cfr. 1Pt 3,15). Per questo abbiamo il coraggio anche di scelte impopolari, come non permettere che nostro figlio vagoli tutta la notte da una discoteca all'altra.

Santa Monica pregò e pianse per parecchi decenni pensando a suo figlio Agostino. Nessuno le poteva dare la certezza assoluta dell'esito positivo delle sue suppliche. Ma lei non lo abbandonò mai. Dall'Africa lo raggiunse a Milano, che è come andare oggi sulla luna. Non lo giudicò, allontanandolo, perché aveva un'amante e un figlio illegittimo. Le sue preghiere ci hanno regalato uno dei più grandi geni dell'umanità e dei più grandi teologi, mistici e santi della Chiesa.

XII

INSEGNARE LA FEDE

Ci sono due ragioni fondamentali per cui Dio ha voluto la famiglia e Cristo l'ha elevata a sacramento: la trasmissione della vita e la trasmissione della fede.

Il papà e la mamma sono chiamati a essere i primi maestri della fede dei loro figli.

Non si tratta assolutamente di aver compiuto studi speciali, né di essere perfetti, né di avere doti particolari di comunicazione. La fede, si diceva un tempo, è trasmessa dalla mamma con il latte che dà a suo figlio, dal papà con l'esempio del suo lavoro. Lungo l'arco della vita, già nell'adolescenza e poi nella giovinezza e nella maturità, ci possono essere tanti maestri della fede, originati dalla grazia di incontri disseminati da Dio lungo la nostra strada. Ma vi posso assicurare che in ogni caso il fondamento è quello posto dai genitori.

Un padre e una madre forse non hanno mai parlato di Cristo, hanno fatto riferimento a Dio solo in occasioni eccezionali, eppure sono stati degli educatori cristiani. Come?

L'inizio dell'educazione alla fede

Innanzitutto è fondamentale che i genitori aiutino i figli a guardare. Lo ha fatto anche Gesù con i suoi apostoli che pure non erano giovanissimi. *Guardate i gigli del campo, guardate gli uccelli dell'aria* (cfr. Mt 6,28.26). Portare i figli a guardare la bellezza del mare, di una montagna, portarli a vedere un quadro significativo, ascoltare con loro una canzone che ci ha colpito, un brano musicale, cantare con loro, giocare con loro, passare del tempo con loro: questi sono alcuni fondamenti della strada verso Dio.

Stando con i figli è naturale esprimere dei giudizi, commentare ciò che si vede per strada, ciò che si legge su un giornale, che si vede o si ascolta in televisione. Attraverso i nostri giudizi i piccoli e i ragazzi entrano, quasi senza accorgersi, nella nostra percezione delle cose e soprattutto si abituano a ragionare, a chiedersi: perché? Questo che sento, che vedo è bello o è brutto? Mi rende più felice o più triste?

I giudizi di noi grandi non devono giungere sulla testa dei ragazzi come delle imposizioni, né essere troppo numerosi, tanto da non poter essere assimilati. Piuttosto dobbiamo percorrere con loro la strada che li aiuti a vedere come ogni cosa contenga una domanda e come ogni domanda richieda una risposta. «Perché quell'uomo ha detto quelle parole? Cosa pensare del terremoto? Cosa pensare dei bambini abbandonati? Cosa posso fare con quel mio vicino?». Non lasciamo i bambini e i ragazzi soli di fronte alla vita, di fronte ai giornali, alla televisione e a Internet. Accompagnamoli nell'ascoltare le domande e nel cercare le risposte.

La storia sacra

Un tempo i nonni e le nonne raccontavano ai nipoti la storia sacra. Oggi conosco pochi nonni e nonne che facciano altrettanto. Eppure è importante che i bambini imparino a essere parte di un popolo grande che è nato con Abramo e che vive ancora oggi. La scuola renderà loro familiari i nomi e le figure di Cesare, di Napoleone, di Garibaldi. Ben più importanti per noi sono Mosè, Geremia, Gesù, Maria, gli apostoli. Forse l'esigenza di raccontare ai nostri nipoti e ai nostri figli qualcosa di loro li farà scoprire anche a noi.

Recentemente mi è capitato, e non una volta sola, di notare che, davanti a dei quadri raffiguranti la vita di Gesù, i bambini guardassero quelle scene senza raccapezzarsi. Ma neanche le guide sapevano dir loro nulla. Quelle vetrate, quegli affreschi, che erano stati fatti per parlare, ora non riescono più a essere letti. Se noi permettiamo che i nostri figli siano sradicati dalla storia del popolo cui appartengono, poniamo le premesse della loro schiavitù. Una personalità diventa adulta quando conosce i volti che l'hanno preceduta.

La grazia degli amici

Educare alla fede vuol dire anche chiedere per i propri figli la grazia degli amici. A un certo punto della vita, papà e mamma non bastano più: il ragazzo e la ragazza cercano naturalmente compagni della loro età. Questi diventeranno, oltre che degli amici, anche dei maestri. Il ragazzo è portato a fare ciò che vede fare, a dire ciò che sente dire. La grazia degli amici deve essere il contenuto privilegiato della preghiera di un genitore per i propri figli.

Educare a pregare

Un momento importante dell'insegnamento della fede è la preghiera. Insegnare ai propri figli le parole delle preghiere più facili è quanto di più importante un genitore possa fare. Altrettanto significativo per i bambini è vedere i genitori che pregano. Giovanni Paolo II ha più volte confessato che la sua vocazione è nata vedendo suo padre pregare in ginocchio ai piedi del letto[1].

La passione ideale

Se dovessi riassumere in una sola frase il fattore più importante nell'educazione della fede, mi esprimerei così: i figli cercano soprattutto nei genitori la loro passione ideale. Capiscono che ci sono giorni in cui si può essere stanchi, in cui si può litigare, in cui prevale la fatica e lo scoraggiamento, ma hanno sete di speranza. Desiderano vedere un papà e una mamma che ricominciano, che riprendono ad amarsi anche dopo le lacerazioni,

---

[1] Cfr. Giovanni Paolo II, *Dono e mistero*, Libreria Editrice Vaticana, Città del Vaticano 1996, 30.

che riprendono a lottare anche dopo le sconfitte, che amano la vita anche quando essa è faticosa. Desiderano dei genitori che guardano verso la luce, che non li deprimono per i loro errori, non li castigano esageratamente, ma nello stesso tempo sanno indicare la strada. Niente è così negativo come un adulto rinunciatario. Colui che pensa: «Tanto sarà tutto sempre uguale» non è un buon padre, né un buon maestro. Il bambino, il ragazzo, il giovane sente dentro di sé il desiderio del cambiamento, la voglia di costruire qualcosa che resti. È tragicamente segnato dal cinismo degli adulti. Preferisce allora correre dietro a chi gli promette la trasgressione, l'anarchia oppure il paradiso artificiale. Vittorio De Sica nel 1943 aveva intitolato un suo film *I bambini ci guardano*. Raccontava il dramma di un piccolo di sette anni di fronte al nichilismo degli adulti.

I figli si rivelano essere la più grande ragione di vita per i genitori, la fonte della loro speranza. Affinché questo non resti soltanto un desiderio romantico, ma diventi una reale avventura in cui sono implicati piccoli e grandi, è necessario che i genitori escano da se stessi, dalla loro privatezza, dai loro interessi di adulti e vivano il rischio quotidiano del coinvolgimento con i loro figli. È la storia più interessante che un adulto possa vivere.

I primi anni di vita di un bambino sono disseminati di occasioni per l'educazione della fede. Penso alla prima confessione, alla prima comunione, alla cresima. Anche queste, e forse soprattutto queste, sono possibilità formidabili per un coinvolgimento dei genitori con la vita dei loro figli. Ma non mancano anche tante altre opportunità: una malattia, la vecchiaia e la morte dei nonni, le bocciature o le promozioni a scuola, i risultati nello sport o nelle prime competizioni della vita... Tutto ciò che mette a contatto il ragazzo con il proprio passato, il proprio presente e il proprio futuro, può fargli scoprire nei genitori e negli amici più grandi degli alleati alla sua corsa per vivere.

XIII

L'ADOZIONE E L'AFFIDO

Ogni anno milioni di bambini non nascono perché sono uccisi nel ventre della madre. Milioni nascono ma sono abbandonati, perché la madre è sola, perché non ha lavoro, perché non voleva quella nascita. Altri vengono affidati dal tribunale a una famiglia diversa da quella naturale, perché questa non è in grado di educare colui che è venuto alla luce.

L'abbandono scava nel cuore del bambino un terribile vuoto, mette dentro di lui la desolante certezza di non essere stato voluto e amato. Una ferita che non si rimarginerà mai completamente. Una fonte di tristezza e di disagio che tornerà a farsi sentire nelle varie epoche della vita. *Venne tra i suoi, ma i suoi non l'hanno accolto* (Gv 1,11). Tra i cristiani è nata così l'apertura ad accogliere nella propria famiglia i bambini abbandonati, a dare un padre e una madre a chi non li ha.

Occorre un lavoro profondo affinché il desiderio di un figlio non nasca soltanto dalla volontà di sanare una mancanza – la sterilità – spesso avvertita come dolorosa ingiustizia. Mi ha scritto una persona: «Non generare figli, per una famiglia, rappresenta una ferita. Fa nascere un'insicurezza di fondo. "Riuscirò in qualcosa se non riesco nella cosa più importante?". In taluni nasce allora la tentazione di compensare il vuoto con il successo sociale, la carriera, l'apparire... Un figlio non può essere mai concepito come qualcosa di dovuto, un diritto. Egli è un dono».

In altri casi, molto numerosi, famiglie che hanno già eredi, sono spinte dalla carità ad aprirsi all'accoglienza. Accogliere in affido (temporaneo) o in adozione (definitiva) un bambino o una bambina, è una decisione di grande rilievo che deve essere presa con ponderazione e assieme confidenza in Dio.

Il figlio adottato entra a far parte della famiglia a tutti gli effetti, come figlio legittimo. Seppur in modo inconsueto egli ci è affidato da Dio esattamente come i figli biologici.

Da alcuni anni sono spettatore ammirato e interessato della realtà di *Famiglie per l'Accoglienza*[1]. Parecchie centinaia di nuclei familiari si aiutano in modo molto libero e creativo nel difficile ed esaltante cammino che vive chi si apre a nuove presenze in casa.

Cosa ho imparato? Innanzitutto che *ogni* figlio è un dono. Un regalo che ci è affidato, ma di cui non siamo i padroni. Noi non siamo altro che madri e padri putativi. Imparare questa verità è un'arte difficile, ma necessaria. Il figlio ci è dato in custodia, è entrato nella nostra casa, ma il suo futuro è lasciarci, correre la sua strada. Non verranno meno, anzi si approfondiranno i legami af-

[1] Nata nel 1982, è una rete di famiglie diffuse sul territorio nazionale e in diversi Paesi del mondo, che si sostengono nell'esperienza dell'accoglienza familiare e la promuovono come bene per la persona e per la società intera.

fettivi, ma questo accadrà quanto più il figlio sarà diventato un essere autonomo e capace di vivere da sé, per gli altri.

Nessuno può avere progetti da imporre ai figli. Desideri, certo, aspirazioni, ma noi genitori non siamo il dio dei nostri ragazzi. Così non dobbiamo lasciarci schiacciare dai bilanci. Molto facilmente il figlio adottato sarà portato a vivere ribellioni anche forti, a sentire il peso della sua diversità. Non dobbiamo mai disperare. Piuttosto, occorre lasciare sempre aperta la porta perché chi è fuggito possa tornare. E questo vale per tutti, anche per i figli biologici.

Un tempo la condizione di figlio adottivo non veniva spesso rivelata. Oggi tutto ciò sarebbe impossibile. Non rimane che il difficile momento in cui parlare al proprio bambino. Molti specialisti mi hanno detto che è meglio farlo ai quattro-cinque anni, quando si ha la capacità di metabolizzare tante notizie, prendendone assieme la distanza. Mai demonizzare qualcuno! Non esiste la mamma cattiva e quella buona; esiste invece quella che non ha saputo fare diversamente, perché non era stata educata o non aveva la possibilità di accogliere, e quella che ha ricevuto da lei, come in una staffetta, quel figlio. In qualche modo misterioso, accogliendolo, la madre e il padre adottivi accolgono anche il desiderio più profondo e la vocazione alla maternità e paternità della madre e del padre naturali.

Quando si hanno già dei figli, occorre parlare loro del desiderio di adottarne uno? È necessario coinvolgerli? A mio parere, sì, assolutamente. Quando la pancia della mamma si ingrossa perché è in arrivo un fratellino o una sorellina, il figlio che c'è già deve essere preparato al nuovo arrivo. Nel caso dell'adozione e dell'affido la necessità è ancora più radicale. Non si tratta di chiedere il permesso ai figli (quale genitore chiede il permesso ai suoi figli per mettere al mondo un nuovo essere? e poi, chi può dire se e quando arriverà?), ma di maturare con loro quell'apertura al mistero che richiede l'accettazione di una nuova presenza che arriva per vie straordinarie e magari già grande in età, senza che ci si possa abituare a essa.

L'essenza dell'Essere è l'amore

L'adozione e l'affido costringono così a riscoprire, all'ennesima potenza, anche se con grande semplicità e abbandono, le virtù cristiane. E prima ancora, il cuore del cristianesimo: un Dio di tre persone che a un certo punto, chissà perché, ha aperto la sua casa a noi, facendoci uscire dal nulla.

«L'essenza dell'Essere è l'amore, questa è la grande rivelazione»[2]. Quando non esisteva nulla, se non Dio, esisteva l'amore. Per questo è stato creato l'universo, per un dilatarsi dell'amore. «S'aperse in nuovi amor l'etterno amore», ha rivelato Dante nella *Commedia*[3]. L'amore è il cuore di ogni cosa («Amore, amore / omne cosa conclama»[4]), è la vita intima e profonda di ogni essere.

Tutta la nostra vita quotidiana è impastata dell'Eterno che ci fa essere. Da lui veniamo, in lui siamo, a lui andiamo. Di lui siamo fatti. Egli è l'energia del nostro cuore, il Bene cui tende, è la Verità che la nostra mente cerca senza sosta.

---

[2] L. Giussani, *Commossi dall'infinito*, in «Tracce», (2003), n. 7, 1-3.

[3] D. Alighieri, *Divina Commedia*, Paradiso, XXIX, v.18.

[4] Jacopone da Todi, «Como l'anima se lamenta con Dio de la carità superardente in lei infusa», Lauda XC, in *Le Laude*, Libreria Editrice Fiorentina, Firenze 1955, 318.

Noi non siamo polvere abbandonata nell'universo. Solo se impariamo ogni giorno questa gratuità totale del fatto che ci siamo e la comunichiamo per contagio agli altri, possiamo aprirci all'accoglienza.

Io sono stato voluto, amato. Anche tu, mio marito, mia moglie, mio figlio. Allora possiamo prendere in casa chi non si sente voluto e amato, perché è stato abbandonato da coloro che per lui rappresentavano Dio.

Se la nostra vita vive nella luce di una positività di fondo, nella certezza che Dio esiste ed è Padre, perché non riverberare un po' di questa luce anche su altri che ci appaiono meno fortunati?

La scoperta di essere amati è molto più luminosa dell'esperienza di amare. Scopriamo così che gli altri non sono né nemici né estranei, ma coloro che ci aprono a Dio, alla verità di noi stessi. Scopriamo che la vita non è un monologo ma un dialogo, riflesso di quel dialogo eterno da cui ha avuto origine il mondo.

L'altro è parte di me

La scoperta della positività della vita non cancella il sangue, il dolore, l'errore, il dramma. Impariamo a curvarci sulle ferite, l'altra faccia necessaria e misteriosa della nostra esistenza.

Il bene, per affermarsi, comporta anche il male. È questo il fondo più oscuro della vicenda terrena. Nell'eterno dialogo, come in una sinfonia, entrano note e accordi diversi, melodiosi e anche dissonanti. Il volto sputacchiato e pieno di sangue di cui parla Isaia (cfr. Is 52,14; 53,2) è anche il volto del *più bello tra i figli dell'uomo*

(Sal 45,3): Gesù sulla croce ci appare vivere un'esperienza ripugnante e, nello stesso tempo, attira tutti a sé (cfr. Gv 12,32).

Dio si è fatto uomo. Il Figlio è venuto tra noi per vivere con noi quello che lui viveva con il Padre, per mostrarci il Padre. Accogliere un figlio, naturale o adottato, è entrare in questo dialogo. Occorre dunque prepararsi. Il nostro accettarci gli uni gli altri, il nostro accoglierci è come l'ultima eco, l'ultima onda di un oceano e questo oceano è Dio.

L'altro è la parte di me che ancora non conosco. Ogni figlio che entra in casa mette in discussione tutta la famiglia. Occorre disporre il cuore e la mente al terremoto del nuovo incontro.

XIV

VECCHI E NUOVI MAESTRI

Gli anni della scuola elementare, media e superiore, sono sempre stati anni decisivi per la vita dei nostri ragazzi e anche per il loro rapporto con i genitori e, più in generale, con la realtà intera.

La scuola elementare

Ho un bellissimo ricordo dei miei anni di scuola elementare. In prima ho avuto come maestra mia madre. Eravamo ancora sfollati in campagna, sul lago Maggiore, e quella era l'unica prima classe del paese. La chiamavo "signora maestra" e non ho mai provato imbarazzo. Fu per me una formidabile introduzione a un'esperienza fondamentale: saper distinguere e coniugare autorità e autorevolezza, autorità e paternità o maternità.

Non ho mai amato stare chiuso in una classe così come, più avanti nella mia vita, non avrei mai amato il chiuso delle riunioni, delle assemblee, delle conferenze. Preferisco la vita aperta dei prati, delle spiagge, delle montagne, persino delle strade di città che pure non sono tra i miei luoghi preferiti. Tutto ciò che sa di chiuso mi infastidisce. Ricordo ancor'oggi, già in prima elementare guardavo fuori dalla finestra e dicevo tra me e me: «Che fortunata la gente che sta fuori!». Eppure nel complesso ho amato quegli anni, soprattutto la maestra di terza, Maggiorina Castoldi, da cui ho imparato la passione per la lettura e la scrittura. Penso che il giudizio positivo su quei primi cinque anni di scuola derivi proprio dal fatto che alla guida di quelle classi ho trovato figure mature, padri e madri che non avevano nozioni da inculcare nella testa, ma soltanto una passione da trasmettere: che noi, gli scolari, crescessimo con gli strumenti elementari per incontrare e capire le cose, la storia, la vita. Mia madre è sempre stata democristiana, Maggiorina socialista, il maestro di quarta e quinta era fascista, la seconda elementare la frequentai dalle suore Rosminiane. Tutte queste differenze non furono per me un ostacolo o un danno, ma una ricchezza. Potevo confrontare tutto quello che ascoltavo in classe con ciò che mi dicevano a casa e crescevo così nella capacità di giudicare.

La Chiesa, lungo la sua storia, ha sempre sottolineato l'importanza di una continuità critica fra la proposta della famiglia e quella della scuola. Per questo, al sorgere dell'epoca moderna, ha spinto i sacerdoti e i laici a creare delle scuole. Ma se la famiglia non propone nulla, quale continuità vi può essere? Se il ragazzo, nelle ore in cui è in casa, viene parcheggiato davanti al televisore o al computer, cosa può imparare? Se i nostri figli non ci sentono raccontare ciò che abbiamo vissuto perché la televisione è sempre accesa, se non li invitiamo a giudicare assieme, come potranno entrare nella scuola con un criterio per ascoltare ciò che viene detto loro durante le lezioni?

Quando mio figlio va a scuola, comincia per me una pagina altrettanto impegnativa della vita. Non devo pensare: «Io sono al lavoro, lui è in classe. Il mio compito è finito». Neppure posso soltanto preoccuparmi che, in un modo o in un altro, sia promosso. Occorre che i genitori si interessino veramente di ciò che i figli imparano e li aiutino a formarsi una mentalità matura e sana di fronte all'esistenza.

La scuola media

Ancora più importanti sono oggi i tre anni della scuola media. Mentre per quanto riguarda il lavoro e la vocazione i tempi delle scelte si sono dilatati, l'orientamento generale della propria personalità avviene in tempi sempre più precoci. Sono gli anni in cui l'incontro con la propria sessualità diventa interessante, ma può essere anche devastante, se non è ben orientato. Diventano decisivi gli amici. Quanto è fondamentale che l'opera dei genitori possa trovare in una compagnia di coetanei dei nostri figli il suo compimento naturale. Dai dodici ai quindici anni sono loro quelli che contano. Loro sono l'autorità che, a poco a poco, si sostituisce a quella dei genitori. Per non sembrare secondi ai coetanei, si è disposti a fare qualunque cosa, a seguire le avventure più azzardate, a correre i rischi più seri. Un genitore non può sparire, non può permettere che il figlio sia interamente abbandonato a queste amicizie. Deve fargli sentire che lui esiste, esiste più di prima, non per coartarlo ma per aiutarlo. I nostri ragazzi sembrano non dare importanza a quello che diciamo, possono assumere un'aria di fastidio, eppure le nostre parole, le parole di noi adulti, rimangono dentro di loro, nel profondo del loro animo e ritorneranno fuori in tanti momenti della vita.

È essenziale conoscere la scuola che i nostri figli frequentano, il clima umano che troveranno, la realtà degli insegnanti che entreranno nelle loro classi. Se tutto risultasse assolutamente negativo, un genitore dovrebbe preoccuparsi e cercare un'altra scuola. Certo, occorrono i soldi, ma in testa ai sacrifici che un padre e una madre debbono fare per i loro figli, prima della piscina, della danza, della scuola di calcio e delle vacanze al mare, proprio in vista della loro maturità e della loro felicità, c'è il tipo di scuola che frequenteranno.

Ha raccontato un giorno don Giussani: «Io mi ricordo, al mio liceo Berchet, che una volta stavo uscendo e, nell'atrio che introduceva alla scala, una mamma stava entrando, molto agitata. Appena mi ha visto con la "vestina", mi ha assalito dicendo: "Qui è entrato mio figlio in quarta ginnasio, veniva con me in chiesa, diceva con me le orazioni; adesso, terza liceo classico, non vuole più venire in chiesa, e la colpa è sua, come insegnante di religione". E io le ho detto: "Ma signora, in cinque anni, quante volte è venuta a interessarsi di come suo figlio si comportava a scuola da me, quale giudizio avessi? Come mai non si è mai preoccupata che suo figlio andasse col tale, col tale e col tale, continuamente? Come mai, soprattutto, signora, lei non si è mai interessata di quanto diceva il professore di italiano 'x' e il professore di filosofia e storia 'y'"?»[1].

---

[1] L. Giussani, *Introduzione alla realtà totale. Il rischio educativo*, supplemento a «Tracce» (2006), n. 2, 8-9.

Le diverse autorità

Diverse autorità si vengono così ad affiancare a quella dei genitori lungo l'arco della vita dei figli. A poco a poco il loro peso diventerà talmente grande che metterà a rischio quello di mamma e papà. Altre volte invece, i ragazzi sapranno integrare le diverse figure autorevoli.

L'autorità, come ho detto, sono gli amici, gli insegnanti, possono essere i libri che si leggono, è stata soprattutto fino a qualche anno fa la televisione. Oggi la grande autorità è Internet.

Un genitore non deve essere geloso degli altri padri che il figlio incontra nel suo cammino. Lo deve lanciare nella vita, senza la paura che sbagli. Non si possono e non si devono evitare ai figli le difficoltà dell'esistenza. Deve soltanto aiutare il ragazzo a discernere le vere e false paternità, quelle che conducono in avanti e quelle che irrimediabilmente portano indietro.

Giovani e sacerdoti

Da duemila anni molti giovani hanno trovato nei sacerdoti cristiani una guida. Le terribili esperienze dei preti pedofili venute alla luce soprattutto in questi ultimi tempi, non cancellano una realtà passata e presente.

Accanto a preti che, per la debolezza della loro umanità e della loro fede, vivono il ministero con stanchezza e abitudine, ci sono tanti sacerdoti, veri uomini di Dio che accolgono, accompagnano, sostengono, con la vitalità della loro umanità rischiarata dall'incontro con Cristo, le giovinezze di tante persone.

Essi sono spesso dei veri padri che sanno leggere nel cuore dei giovani. Sanno creare luoghi d'insegnamento e di riposo. Sanno condurli, attraverso i sacramenti, a confidare in Dio, a godere del suo aiuto che rinnova la loro vita e apre alle speranze che altrimenti sembrerebbero impossibili.

I preti sono spesso un importante aiuto di discernimento affinché i ragazzi capiscano la volontà di Dio per il loro futuro. Posso testimoniarlo, non solo per la mia personale esperienza di uomo aperto all'incontro col mondo dalla persona di don Giussani, ma anche per la conoscenza diretta di centinaia e centinaia di giovani, attraversati in modo significativo dalle più diverse esperienze sacerdotali.

Le tecnologie

Come ho accennato, da qualche anno a questa parte, gli strumenti tecnologici sono diventati le autorità più rilevanti per i nostri ragazzi. È importante notare che, a differenza del passato, queste autorità possono essere abitate dai contenuti più diversi. Ciò che le rende affascinanti non è il messaggio che esse trasmettono, quanto lo strumento che esse sono. Giustamente Marshall McLuhan, il più grande studioso della comunicazione dei nostri tempi, ha definito tutto in una frase brevissima: «Il mezzo è il messaggio»[2].

---

[2] Cfr. H. M. McLuhan, *La cultura come business. Il mezzo è il messaggio*, Armando Editore, Roma 1998.

Si tratta di autorità invasive, sia per il tempo che prendono ai ragazzi, sia per la forza di penetrazione di tutto ciò che veicolano. Una vera e propria rivoluzione è avvenuta sotto i nostri occhi. È iniziata con i telefoni cellulari, è proseguita con i videogiochi, con Internet, con i social network, in un processo vertiginoso che passa continuamente attraverso nuove e rapidissime trasformazioni.

Le varie autorità sono messe a dura prova, sono surclassate da presenze così penetranti e piene di fascino. Le tecnologie ci mettono in comunicazione immediata e continua con persone, situazioni, immagini sempre diverse e sempre più numerose. Ci danno l'ingannevole sensazione di poter sempre ottenere tutto subito. Sono ormai indispensabili per molti settori della vita adulta; devono però rappresentare uno strumento vigilato nelle mani dei ragazzi. Attratta da rapporti con gli amici che sente soltanto al telefono o con cui *chatta*, connessa con una pluralità di mondi, di cui è difficile giudicare il valore, la giovane personalità finisce spesso per essere spappolata o rinchiusa in un'interiorità vuota, in cui, in realtà, non abita nessuno.

Cristo ha scelto di vivere in un'epoca in cui i rapporti diretti erano la fonte fondamentale, anche se non esclusiva, della comunicazione. Ciò che è essenziale nella vita (l'amore, la libertà, il cambiamento) si comunica da persona a persona. Ogni tecnologia può dunque essere utile, se però è sottomessa a questa legge della fisicità dei rapporti ed è funzionale ai rapporti stessi.

Non dobbiamo certo chiuderci al presente, né lasciare soli i nostri ragazzi di fronte alle tecnologie. Occorre accompagnarli. Educarli a vedere l'utilità che proviene da Internet, ma anche le insidie che vi sono nascoste. Ogni irenicità può essere portatrice di futuri disastri.

XV

IL LAVORO

In queste pagine ho parlato degli affetti, dei legami che si stabiliscono tra un uomo e una donna, tra i genitori e i figli, tra i ragazzi e i loro amici, tra i giovani e le diverse autorità della loro vita. Ma c'è un altro legame fondamentale che l'uomo stabilisce con la realtà. È il lavoro.

Amori e lavoro non procedono su strade parallele, interagiscono tra di loro, possono sostenersi, ma anche distruggersi a vicenda.

Cos'è il lavoro

Quando ero piccolo, fino ai sette anni, vivevo con i miei genitori e mio fratello in un paesino lontano da Milano. Mio padre si alzava presto, alle cinque del mattino, nel buio e nel freddo, per correre alla stazione dei treni e andare in città. Tornava ogni sera. Così per anni e anni. Mi ha insegnato la doverosità del lavoro.

Mia madre invece mi ha trasmesso la gioia, la passione che è all'origine di ogni professione vissuta come vocazione, come il livello più alto dell'espressione di sé. I suoi scolari erano parte privilegiata della sua vita, le sue lezioni una continua creazione.

Nella sua espressione più vera e profonda, il lavoro nasce dal desiderio dell'uomo di contribuire alla creazione del mondo. In questo senso, ogni uomo e ogni donna sono chiamati a lavorare. Anche la maternità della donna entra a pieno titolo in questa dinamica della creazione di un mondo nuovo. Eppure maternità e lavoro sono spesso in conflitto tra loro. Ci sono donne che scelgono di non avere figli per poter lavorare e assumere un posto di rilievo nella società. Altre sentono il peso di non poter lavorare per dedicare del tempo alla loro famiglia. Altre ancora, e giustamente, vorrebbero poter lavorare perché sentono di avere un dono da offrire a tutta la società, senza dover negare la loro opera di madri e il tempo necessario da dedicare ai figli.

Il lavoro nasce dall'amore. Innanzitutto dall'amore verso noi stessi, perché, attraverso la nostra espressione ci realizziamo come uomini e donne. L'uomo infatti non ha con la realtà un rapporto soltanto speculativo o ludico. Non vuole soltanto pensare le cose o giocare con esse. Desidera anche partecipare al compimento della creazione e quindi vuole lavorare. Lavorare la terra perché dia sempre frutti per vivere, allevare degli animali. Scoprire nuove utilizzazioni degli elementi primari che la natura mette nelle sue mani: la terra, il legno, il ferro, i metalli, le pietre preziose. Costruire nuove città, nuovi mezzi di trasporto, intervenire attraverso la scienza sull'infinitamente grande e l'infinitamente piccolo...

Attraverso il lavoro l'uomo e la donna ottengono anche la remunerazione per vivere. Esso diventa quindi una strada obbligata e, nel nostro tempo, quasi inevitabile. In una famiglia se marito e moglie non lavorano entrambi, spesso non arrivano alla fine del mese. In questo modo, il lavoro non appare soltanto come qualcosa di bello e di grande, il nostro contributo alla storia del mondo, piccolo o immenso che sia, sconosciuto ai più o famoso fino ad apparire sui giornali. Nel suo rapporto con la retribuzione esso appare anche come qualcosa di duro, di necessario, quasi come una condanna. Per taluni il lavoro è una punizione per le condizioni in cui si svolge, per la pesantezza intrinseca di ciò che è richiesto. Così era per la maggior parte degli uomini fino a pochi decenni fa.

Molti non sanno neppure quale sia la ragione del lavoro o, se la conoscevano, l'hanno dimenticata. Oggi hanno come unico desiderio quello di sottrarsi a tutto ciò che provoca fatica, di dedicare a esso meno energie possibili. La vita non è più intesa come responsabilità ma solo come piacere e talvolta dimenticanza di sé.

Quando Adamo ed Eva vengono cacciati dal Paradiso terrestre, Dio parla della durezza del lavoro, così come del travaglio della maternità (cfr. Gn 3,16.19). Ma lascia capire che quei sacrifici e quei pesi sono una strada di redenzione per l'uomo.

C'è un'altra forma di divisione tra affetti e lavoro, quella di chi ama soltanto il lavoro e vede in esso l'unica ragione della propria vita. Ci sono uomini che sacrificano famiglia, affetti, salute. Talvolta lo fanno per non guardare in faccia la propria solitudine. Cercano nel lavoro non l'espressione di sé, ma l'oblio di se stessi.

Gli antichi Romani parlavano di *otium* e *negotium. Otium* era il lavoro nobile, il pensare, il meditare, l'unico che permettesse di riposare. Il *negotium* il lavoro duro, quotidiano. San Benedetto ha tenuto assieme queste due realtà. Il suo *ora et labora* indica, attraverso due parole, una sola cosa: è l'amore che genera il lavoro. Quest'ultimo esprime l'amore e lo rinnova.

Il lavoro nasce da doti che ci vengono donate, che non creiamo da noi stessi. Possiamo lasciarle sepolte, inattive, o farle fruttare. Ogni lavoro è perciò una vocazione. Ci collega a tutti gli altri uomini del mondo, segna il nostro rapporto con loro, il nostro contributo alla loro vita. È fatto di terra e di cielo. Di doni che Dio mette dentro di noi e della nostra fatica, del nostro sudore, della nostra responsabilità.

L'architetto di cattedrali Pietro di Craon, ne *L'Annuncio a Maria*, chiama il suo lavoro «l'opera mia, che Dio abita»[1].

La situazione oggi

Stiamo assistendo a un processo molto rapido di perdita del gusto per il lavoro. Per taluni la causa di tutto ciò sono le condizioni dure, per altri l'assenza di maestri. Sta di fatto che capita sempre più spesso di trovare persone stanche, sfiduciate, che lavorano pensando al fine settimana o alla vacanza, senza la passione per ciò che possono creare e lasciare nel mondo. Dobbiamo aiutare gli uomini e le donne a scoprire la radice positiva del lavoro, l'amore per le persone che ci sono vicine, per i figli, per gli uomini che trarranno beneficio da ciò che facciamo. Occorre intervenire anche perché il

[1] P. Claudel, *L'Annuncio a Maria*, BUR, Milano 2001, 40.

lavoro sia umano e umanizzante. Ci sono orari di lavoro terribili, in luoghi malsani, in condizioni ingiuste. Di fronte a tutto questo occorre alzare la voce e intervenire a livello politico e sociale.

È necessario che le donne possano dare alla società il contributo del loro genio. Ma questo non deve avvenire a discapito del loro essere madri ed educatrici. Siamo ancora molto lontani dalla realizzazione di tutto ciò. È una delle battaglie più nobili e più importanti del nostro tempo. Lo squilibrio tra lavoro e affetti distrugge l'uomo e la donna, l'unità della famiglia, la serenità della vita, rende impossibile un ponte fra le generazioni.

Ogni uomo e ogni donna hanno un contributo peculiare per la storia del mondo. Il loro lavoro è la strada normale per esprimerlo e farlo maturare.

XVI

GLI ANZIANI

Nessuno vive per se stesso, ha lasciato scritto san Paolo (cfr. Rm 14,7). Nell'apertura agli altri sta il segreto di ogni esistenza. Ma è compreso anche un rischio: la dispersione, la perdita di sé. Vivere in modo vero e fecondo è dunque un processo continuo: un'identità che si dona e che trova in questa donazione il proprio vero io. Ma ogni donazione autentica non è mai perdersi nell'altro, annientarsi.

Così è per la famiglia. Nessun nucleo familiare può pensare di salvarsi chiudendosi in se stesso. La famiglia borghese è morta proprio per un eccesso di egoismo. Non esiste la "capanna" in cui salvarci dal mondo. Nello stesso tempo non sarà certo l'azione per gli altri a salvare la famiglia, se essa non ha coscienza del dono di unità che deve custodire. Mi scrive un'amica: «Come posso aiutare mio figlio a essere felice, se io non lo sono, se non so dove cercare per me la pace, la serenità? Tante volte, quando i miei figli erano piccoli, al momento di lasciarli in mano a una baby-sitter che avevo chiamato per poter partecipare a un incontro o per uscire con mio marito, mi veniva da dire: "Era meglio se stavo a casa, se raccontavo loro le storie come tutte le sere". Ma fare quel piccolo salto, lasciarli, è sempre stato di un'utilità immensa. Mi sono educata al fatto che non sono indispensabile, che i miei figli mi sono affidati, ma sono di un Altro».

Un rapporto difficile è quello con i suoceri. Ho incontrato tantissime famiglie: quello fra la madre e la moglie del figlio maschio è spesso il punto di maggiore difficoltà. Ogni madre fa una gran fatica ad accettare che il proprio figlio appartenga ora a un'altra donna. Così egli rischia di rimanere schiacciato tra due donne. Bisogna aiutare la madre ad accettare che il figlio sia partito da casa, in modo definitivo. Si è staccato da lei per sempre. Riconoscere questo è l'unica possibilità, per una madre, di continuare ad amarlo proprio in quanto affidato a un'altra persona. Nello stesso tempo, la nuora non può pensare che il passato del proprio marito possa essere cancellato. Lui è costituito anche da quello. Accogliere il passato dell'altro è il modo migliore per poter godere della sua presenza anche in futuro.

Ci sono molte forme di apertura: alla vita che nasce, ai figli adottivi, agli amici propri e dei figli, ai compagni di lavoro... Nel nostro tempo, inoltre, una presenza che le interpella fortemente è quella degli anziani.

Gli anziani

Vorrei ora parlare degli anziani, una presenza che interpella molte famiglie del nostro tempo.

Fino a qualche decennio fa, gli anziani abitavano insieme ai giovani. Erano le famiglie patriarcali. Possibili soprattutto nella civiltà contadina, quando si lavorava tutti in campagna e si viveva, senza grandi comodità, nelle case disseminate tra i campi. La morte arrivava, mediamente, verso i settant'anni.

Quando venivano meno le forze si passava dalla poltrona al letto. Oppure il nonno era messo su una sedia, nel cortile, tra le galline che razzolavano e i bambini che giocavano.

A poco a poco sono cresciute le città dove molti trasferivano la loro abitazione e il loro lavoro. Lì tutto è cambiato. Gli appartamenti erano troppo piccoli per ospitare più di tre-quattro persone. Marito e moglie stavano fuori casa, al lavoro, fino a sera. Non c'era più spazio per i nonni.

Il ritorno dei nonni

Oggi gli anziani stanno facendo il loro ritorno nell'orizzonte delle famiglie. Positivamente, come nuovi e indispensabili educatori dei nipoti. Il tempo del pensionamento non deve essere per nessuno un tempo vuoto. Dobbiamo aiutare gli anziani a scoprire nuove ragioni di vita. Grande è ancora il contributo che essi possono dare sia alle nuove generazioni sia a tutta la società.

Quando le forze vengono definitivamente meno, invece, gli anziani rappresentano una preoccupazione per i figli ormai in età matura che sentono la responsabilità di occuparsi di genitori ottantenni, novantenni, rimasti soli e non più autosufficienti.

È una delle emergenze più gravi che sono chiamati ad affrontare i nostri Paesi dell'Occidente.

Anche io sono stato toccato da questa esperienza. Mia mamma, che ha vissuto fino a ottantanove anni da sola, in una casa popolare alla periferia di Milano, al quinto piano, senza ascensore, improvvisamente è crollata. Dopo un'operazione chirurgica, non era più autosufficiente. Per sei anni è stata ospitata in una casa di cura, dove andavo a trovarla da Roma, una o due volte al mese. Ho scoperto un mondo che mi ha accomunato a decine di migliaia di miei coetanei.

Chi è l'anziano per noi?

Quale parola di Dio è l'anziano per noi? Che cosa vuol dire alla nostra vita la presenza degli anziani? I popoli hanno visto nei loro vecchi il volto della saggezza, una possibilità positiva di compagnia alla vita dell'uomo maturo, del giovane e del ragazzo.

Già negli anni delle scuole medie, leggendo l'*Eneide*, ho incontrato la figura di Anchise. Mentre Troia brucia e i pochi superstiti si organizzano per fuggire dai nemici, il vecchio nobile non vuole muoversi. Vuole essere lasciato lì, a morire con gli altri. «Voi, voi che intatto dagli anni / avete il vigore del sangue, e salde e intere le forze, / voi, tentate la fuga»[1]. Se la vita coincide con la forza e la giovinezza, allora la sua vecchiaia è solo un peso inutile, per sé e per gli altri. «A me, se i celesti volevano farmi protrarre la vita, / la patria

[1] Virgilio, *Eneide*, II, vv. 638-640.

dovevan serbare»[2]. Tutto il suo mondo è finito, non c'è presente né futuro, egli chiede solo di essere lasciato indietro. Niente sembra smuoverlo, come spesso si vede in certi anziani inflessibili nei loro propositi. Eppure, sulla fronte del nipotino si verifica qualcosa di inatteso: «Ecco leggero sembrò sopra la testa di Iulo / effondere luce un bagliore»[3]. Pare che i capelli abbiano preso fuoco per l'incendio circostante, quella fiamma arde. Ma non divora. Nessuno comprende, «ma il padre Anchise gli occhi alle stelle, esultante / alzò e al cielo tese le mani e la voce»[4]. Egli capisce che si tratta di un prodigio divino. In mezzo al fuoco della distruzione, si è acceso un altro tipo di fiamma, la fiamma della speranza. Sulla fronte del nipote arde una luce che non è solo quella della mera sopravvivenza fisica, ma il segno che la vita umana non è lasciata sola nelle mani della violenza. «Allora, vinto, il padre si alzò, volto al cielo, / e saluta gli dèi, e adora la stella divina: / "Ecco, non metto più inciampo, dove volete vi seguo. / O dèi della patria, salvate la casa, salvate il nipote: / vostro, sì, questo segno, in vostre mani è ancor Troia. / Vengo, figlio; d'accompagnarti, ecco, più non rifiuto"»[5]. E proprio Anchise, così fisicamente fragile, si rivelerà una figura di riferimento indispensabile per tutti i fuggiaschi. Grazie alla sua esperienza saprà ravvisare i segni del divino e della speranza, saprà leggere nel cuore degli eventi e scovare il filo che li condurrà a fondare una nuova civiltà.

---

[2] *Ivi*, vv. 641-642.
[3] *Ivi*, vv. 682-683.
[4] *Ivi*, vv. 687-688.
[5] *Ivi*, vv. 699-704.

La vecchiaia porta con sé un bagaglio di sapienza, di esperienze, di discernimento dei problemi nella vita quotidiana. Nello stesso tempo gli anziani ci portano la memoria di tutto ciò che ci costituisce, delle nostre radici, delle esperienze educative, culturali e storiche che ci hanno preceduto, sono il piedistallo su cui poi si è sviluppata la nostra esistenza.

Lindo Ferretti racconta tutto ciò con un'espressione tanto breve quanto profonda: «Mia dimora è negli occhi di mia nonna»[6].

C'è un altro lato della realtà dei nostri vecchi: la loro fragilità, le malattie, la perdita di energie. Essi pongono l'interrogativo sul senso della nostra vita: finiamo nel nulla? Nessuna età, considerata in se stessa, ha un valore assolutamente positivo o negativo. Dipende da come noi la viviamo. Quale valore allora ci porta l'anziano che si sta progressivamente ritirando dalla vita, che non è più autosufficiente o non lo è più del tutto e quindi costituisce per noi un problema? Dove può vivere? Che nessi stabilire con lui? Fino a che punto urge il dovere che rimanga con noi? E fino a che punto invece il dovere di un'assistenza impone di collocarlo in una casa di cura?

La realtà dell'anziano che si va lentamente spegnendo, ci interroga su altri drammi. Tutta la realtà del male e del dolore viene posta davanti ai nostri occhi dai genitori che prendono congedo da noi, talvolta attraverso un tempo segnato da coscienze ridotte e da potenze fisiche annebbiate.

Perché alcuni uomini muoiono giovani? Perché altri in modo traumatico? Perché altri ancora vivono invece così a lungo e sem-

---

[6] G. Lindo Ferretti, *Bella gente d'Appennino*, Mondadori, Milano 2009, 15.

brano non riuscire a congedarsi dalla vita? Tutte queste vicende ci insegnano che la vita è un'offerta di sé che Dio chiede a ogni persona. Dobbiamo stare davanti ai nostri anziani con questa consapevolezza. Come Dio ha chiesto a suo Figlio di morire per tutti, così a ciascuno, da Adamo fino all'ultimo uomo che comparirà sulla terra, egli chiede una partecipazione a quel sacrificio. L'anziano, che vive il progressivo venir meno delle sue capacità intellettive e relazionali, è una persona a cui Dio sta chiedendo una purificazione per tutti.

C'è un libro dell'Antico Testamento in cui si parla di una figura molto misteriosa. Un uomo buono, felice, che non faceva parte del popolo d'Israele. Il suo nome è Giobbe. Il diavolo dice a Dio: «*Stendi un poco la mano e tocca quanto ha e vedrai come ti benedirà*» (cfr. Gb 1,11; 2,5). Dio allora gli permette di tentare Giobbe con prove tremende: deve rinunciare ai campi, alle stalle, a migliaia di capi di bestiame, addirittura ai figli. Viene coperto da una piaga purulenta, che lo costringe a grattarsi continuamente. Ci troviamo di fronte a un evento emblematico: il giusto segnato da prove e dolori. Se Dio c'è, perché c'è il male?

All'inizio della sua riflessione, Giobbe usa questa espressione: «*Nudo uscii dal seno di mia madre, e nudo vi ritornerò*» (Gb 1,21). Queste parole illuminano ciò che è chiesto all'anziano e insieme sono un importante aiuto a guardare la sua persona. Usciamo dal ventre di nostra madre completamente bisognosi. Tornare a Dio è anche passare attraverso una condizione di bisogno. I nostri vecchi hanno bisogno di tutto. Ma in questo modo ci insegnano che la vita necessita degli altri, del perdono, della salvezza e della misericordia che ci accolga e ci abbracci.

La vita dell'anziano può essere paragonata all'eucaristia. Il sacramento eucaristico infatti, non è nient'altro che Dio così disponibile da nascondersi in un pezzo di pane. Può essere lasciato lì e dimenticato. Quante volte all'anziano accade lo stesso! Egli è una sentinella che attende l'alba del giorno eterno.

San Paolo scrive: *Non abbiamo portato nulla in questo mondo e nulla possiamo portarne via* (1Tm 6,7). Non vuole certo svalutare tutto ciò che di bene e di grande abbiamo fatto. Egli va ben più in profondità: ci aiuta a riconoscere che ciò che abbiamo portato è in realtà qualcosa che ci è stato donato. Dio, alla fine della vita, sembra richiedercelo. Lo riprende per custodirlo per noi. Tramite la vita dell'anziano egli ci insegna che tutto ciò che abbiamo vissuto rimarrà, se noi lo consegneremo a lui.

Come stare con loro

Stare con gli anziani opera una grande semplificazione nel nostro sguardo e nella nostra esistenza. Non permette grandi ragionamenti, grandi riflessioni, grandi arzigogoli psicologici. La cosa più grande che possiamo fare è stare lì, con loro, condividere le parole che dicono o che non riescono più a dire. Stare al livello in cui sono, accettando il loro lento declino, semplicemente accogliendo la loro presenza. L'altro c'è: quello che può darci è il suo essere, segno che la vita ha una dignità e una grandezza anche quando, a poco a poco, vengono meno le energie.

Noi abbiamo paura del silenzio degli anziani e talvolta cerchiamo di riempirlo con i nostri discorsi. Esso non solo ci rivela l'altro, ma rivela noi a noi stessi. I nostri vecchi hanno la forza di farci guardare come in uno specchio. Ci portano a vedere ciò che è essenziale, ciò che non passa ed è definitivo. Proprio con l'esperienza del loro "passaggio" ci portano a puntare gli occhi su ciò che rimane per sempre. Ci insegnano a non coprire con i nostri discorsi i loro silenzi, ma ad accettare la durezza delle loro depressioni, dei loro stati di crisi e di pianto, a cui non possiamo portare grande soluzione.

Ricordo una suora francese, Soeur Ange, che ho assistito negli ultimi anni di vita. Aveva novant'anni. Mi diceva sempre: «*C'est le désert*», è il deserto. San Giovanni della Croce e santa Teresa d'Avila parlano della *noche obscura*. Come Madre Teresa di Calcutta. Conta più quello che Dio ci chiede delle risposte che noi riusciamo a dare.

XVII
FAMIGLIA, FAMIGLIE, SOCIETÀ

La famiglia può essere paragonata a una cellula del nostro corpo. Come l'organismo umano è segnato, nel bene e nel male, dalla vita e dalla morte delle cellule che lo compongono, così la salute o la malattia di una famiglia influisce su tutta la realtà sociale.

Se è vero che uno lavora con gusto e passione quando sa di essere amato e di amare moglie e figli, è anche vero che i dissidi familiari abbassano inevitabilmente il desiderio e la creatività. A che pro lavorare se non si è accolti e capiti neppure da chi ci è più vicino?

Il diffondersi del male

La violenza che nasce nel cuore quando si spezzano i rapporti principali dell'esistenza, si riverbera, come un'onda nera, su tutti coloro che hanno a che fare con noi. Le infinite scosse telluriche che aprono ferite nella crosta della nostra società sono talvolta l'ampliarsi delle lacerazioni che nascono nelle famiglie.

«Il bene della persona e della società umana e cristiana è strettamente connesso con una felice situazione della comunità coniugale e familiare»[1], ha scritto il Vaticano II. Dove è in crisi la famiglia, soffre la società in quanto tale. I giorni nostri offrono un'abbondante testimonianza di tutto ciò.

Annotava recentemente lo psichiatra Vittorino Andreoli: «Se per diventare persone e formare insiemi civili e animati dal rispetto servono epoche storiche, basta una generazione per regredire, per ritornare a stadi che sanno di primitivo. [...] La famiglia è agonizzante, non ha più un'anima. [...] Ormai ci sono figlie che non riescono a stare tranquille proprio a casa loro e temono di venire aggredite, e vogliono scappare e non sanno dove andare»[2].

Il riferimento alle violenze subite da giovani ragazze all'interno delle loro famiglie, che occupano le cronache di questi ultimi anni, potrebbe far pensare che tutto ciò è, per fortuna, eccezionale. In realtà non è così. L'ira, la gelosia, l'invidia, la lussuria possono radicarsi in ciascuno di noi. Urge il cambiamento del cuore.

Il diffondersi del bene

Tale conversione è un cammino lungo e ha Dio per attore. Solo lui può cambiare il cuore dell'uomo, la sua mentalità, il suo stile di vita, solo lui può rivelare i fini autentici dell'esistenza. Dio agisce solitamente attraverso i nostri tempi di uomini e influisce su di noi

---

[1] *Gaudium et spes*, n. 47.

[2] V. Andreoli, *Se la famiglia diventa una trappola*, in «Corriere della Sera», 8 ottobre 2010, 54.

attraverso altre persone. Per questo è fondamentale non essere soli. Non c'è salvezza per l'uomo solo. Anche chi cerca Dio nella solitudine, lo trova, se lo trova veramente, nella comunione.

La famiglia, chiusa su di sé, non può vivere. La mentalità borghese ha per molto tempo suggerito un'idea romantica del matrimonio, come se i due sposi potessero bastare a se stessi. Ma il desiderio del cuore umano è troppo profondo per essere appagato pienamente dalla persona dell'altro. Ogni amore che non si apre al mondo è destinato a morire.

Dio ci ama affinché noi a nostra volta diffondiamo il suo amore nel mondo. Sant'Agostino dice che lo scopo dell'amicizia è che Dio sia tutto in tutti[3]. Giovanni Paolo II ha più volte ricordato alle famiglie di aprirsi all'accoglienza e all'ospitalità: «Soprattutto la famiglia cristiana è chiamata ad ascoltare la raccomandazione dell'apostolo: *Siate premurosi nell'ospitalità* (Rm 12,13), e quindi ad attuare, imitando l'esempio e condividendo la carità di Cristo, l'accoglienza del fratello bisognoso. *Chi avrà dato anche solo un bicchiere di acqua fresca a uno di questi piccoli, perché è mio discepolo, in verità vi dico: non perderà la sua ricompensa* (Mt 10, 42)»[4].

Abbiamo visto che ogni famiglia è bisognosa di aiuto. Dio la sostiene mettendole accanto altre persone, inserendola nella comunità della Chiesa. Affinché questo legame ecclesiale non sia puramente nominale, formale, riferito soltanto ad alcuni grandi avvenimenti dell'esistenza come la nascita e la morte, occorre che

---

[3] Cfr. Agostino d'Ippona, *Commento al Vangelo di Giovanni*, 65, 2.
[4] Giovanni Paolo II, *Familiaris consortio*, n. 44.

la Chiesa abbia le dimensioni di una comunità di persone che si conoscono e hanno la possibilità di frequentarsi e di ascoltarsi.

Ecco il valore delle tante comunità parrocchiali, dei movimenti, dei gruppi ecclesiali. Ecco l'importanza di essere guidati assieme ad altri nel cammino verso Dio. Egli ci regala dei fratelli con cui condividere le nostre esperienze: possiamo ascoltare da altri genitori come educano i figli, come affrontano le loro difficoltà, possiamo ricevere con loro un insegnamento che dia luce al presente. Tutto ciò apre il cuore alla speranza. Non sono solo, non sono l'unico ad avere difficoltà. Altri sono con me ed essi sono il tramite dell'aiuto di Dio, della sua correzione, della sua voce che indica la via.

Mi testimonia una coppia: «La stima tra di noi cresce quando ci concepiamo collocati in una storia più grande: lo sguardo dei nostri amici su di noi allarga il nostro orizzonte e non ci fa perdere nel piccolo inferno delle recriminazioni».

Famiglia e società

In che modo le famiglie edificano la società? Esse sono, secondo un'espressione di Giovanni Paolo II, «il luogo primario di "umanizzazione" della persona»[5]. In seno alla famiglia, infatti, «l'uomo riceve le prime e determinanti nozioni intorno alla verità e al bene, apprende che cosa vuol dire amare ed essere amati e, quindi, che cosa vuol dire in concreto essere una persona»[6].

---

[5] Giovanni Paolo II, *Christifideles laici*, n. 40.
[6] Giovanni Paolo II, *Centesimus annus*, n. 39.

Nella comunità familiare, attraverso il rapporto con i genitori, con i fratelli, con i figli, ciascuno è educato a scoprire il valore dell'amore e il senso della vita. In essa si imparano le dinamiche fondamentali dell'esistenza.

Se è vero che la famiglia edifica la società, è anche vero che la società deve sostenere la famiglia. Non si tratta di discriminare altre forme di convivenza, quanto di riconoscere e ricompensare il servizio oggettivo che la famiglia offre per il benessere di tutta la società. È compito delle istituzioni statali garantire e favorire l'identità della vita familiare ed evitare e combattere tutto ciò che la altera e ferisce. «Le autorità pubbliche devono fare il possibile per assicurare alle famiglie tutti quegli aiuti – economici, sociali, educativi, politici, culturali – di cui hanno bisogno per far fronte in modo umano a tutte le loro responsabilità»[7].

Vista la debolezza di molte famiglie attuali, la società contemporanea tende sempre più a sostituirsi a esse, ad assumersi i loro compiti. Sarebbe molto più opportuno trovare strade per aiutarle a svolgere autonomamente il proprio lavoro. L'esempio più importante è quello dell'educazione. Lo Stato tende a imporre in tale ambito un proprio monopolio e fatica a riconoscere il ruolo primario dei genitori nell'educazione dei loro figli.

Don Giussani usava esclamare: «Mandateci in giro nudi per le strade, ma non toglieteci la possibilità di educare»[8].

---

[7] Giovanni Paolo II, *Familiaris consortio*, n. 45.

[8] Cfr. L. Giussani, *Introduzione alla realtà totale. Il rischio educativo*, supplemento a «Tracce» (2006), n. 2, p. 3.

Conclusione

Se nella nostra esistenza abbiamo potuto godere di qualche raggio di luce nella vita familiare, se abbiamo avuto il dono positivo di un padre e una madre che si amavano, magari attraverso tante difficoltà; se abbiamo potuto vedere negli occhi dei nostri figli la luminosità della gratitudine e dell'affetto; se abbiamo avuto la grazia di riverberare su altri l'accoglienza che a nostra volta ricevevamo dai nostri cari... possiamo desiderare che accada lo stesso per tutti. E questo non è un giudizio su nessuno, ma la coscienza chiara di cosa è bene e cosa è male per l'uomo e assieme la supplica a Dio di poter vedere tanti esempi positivi di famiglie, per poter camminare anche noi in quella stessa traccia.

Ed è inoltre una richiesta agli Stati, agli uomini che contano, a chi ha l'influenza sull'opinione pubblica: non rendete ancora più difficile la vita degli uomini e delle donne, già così provati da mille problemi. Sostenete ciò che il cuore dell'uomo conosce come bene: la famiglia come unione dell'uomo e della donna, aperta al dono dei figli, affinché ogni essere umano scopra la propria strada nel mondo e riconosca di non essere solo, ma accompagnato e sorretto dalla mano di Dio.

Ringraziamenti

Nel corso della stesura di questo libro ho consultato e incontrato un centinaio di famiglie. Non posso riportare i loro nomi. Molte loro osservazioni e qualche loro scritto sono confluiti nel testo. A tutti il mio grazie. Così come desidero ricordare Edoardo Rialti e i suoi suggerimenti letterari. Nicolò Ceccolini e Fabrizio Cavaliere hanno corretto la bozza definitiva. Cristiano Ludovici mi è stato accanto lungo tutto il lavoro. Anche a loro la mia gratitudine.

Indice

Finito di stampare nel mese di gennaio 2012
Villaggio Grafica – Noventa Padovana, Padova